Axel Braig

Das Buch der Tugendlosigkeit

Warum es sich lohnt, faul, unpünktlich und unordentlich zu sein

Fischer
Taschenbuch
Verlag

Veröffentlicht im Fischer Taschenbuch Verlag,
einem Unternehmen der S. Fischer Verlag GmbH,
Frankfurt am Main, Mai 2004

Lizenzausgabe mit Genehmigung des
Argon Verlages, Berlin
Die Originalausgabe erschien unter dem Titel
›Warum es sich lohnt, faul, unpünktlich und
unordentlich zu sein‹

Druck und Bindung: Druckerei C.H. Beck, Nördlingen
Printed in Germany
ISBN 3-596-15894-X

Inhalt

Schamhaft und unverschämt, keusch und geil,
schwatzhaft und schweigsam, zupackend und
zimperlich,
gescheit und dumm, mürrisch und leutselig,
verlogen und aufrichtig, gebildet und
ungebildet,
freigebig und geizig und verschwenderisch –
von allem sehe ich etwas in mir,
je nachdem, wie ich mich drehe …

Michel de Montaigne

Wie ich in dieses Buch gestolpert bin

Wie ich in dieses Buch gestolpert bin

Nicht die Tatsachen selbst machen das Leben schwer, sondern unsere Bewertung der Tatsachen.
Epiktet

Als ich im Februar 2001 einer alten Freundin erzählte, dass ich nach 15-jähriger Niederlassung als Allgemeinarzt meine Praxis aufgeben wolle, um in Zukunft nur noch unregelmäßig zu arbeiten, kam die Reaktion prompt: »Hast du kein schlechtes Gewissen?« Nun, ich war um eine Antwort nicht vollkommen verlegen. Hatte ich doch gerade gemeinsam mit Ulrich Renz das Buch *Die Kunst, weniger zu arbeiten* fertig gestellt.

Wir hatten darin die Ansicht vertreten, dass wir heutzutage eher zu viel als zu wenig arbeiten, und kritisiert, mit welcher Selbstverständlichkeit Fleiß meist ausschließlich positiv gewertet wird. Trotzdem war ich beeindruckt, wie diese Freundin meine Entscheidung vor allem als moralisches Problem empfand.

In den zahlreichen Diskussionen der nächsten Monate machte ich allerdings immer wieder ähnliche Erfahrungen. Häufig bekam ich die negative Wertung meines als ›Faulheit‹ empfundenen Verhaltens zu spüren. Oft gelang es mir nicht, meine Gesprächspartner zu einem Nachdenken über den rein moralischen Aspekt hinaus zu gewinnen, um zu einer differenzierten Diskussion über Sinn und Zweck der Arbeit zu kommen. Immer wieder hatte ich den Eindruck, dass moralische Vorbehalte daran hindern, die Vielschichtigkeit des Problems überhaupt wahrzunehmen.

Das Schlechte des Guten oder Wie man eine Denksperre löst

So kam mir die Idee, ob es uns in anderer Hinsicht oft ähnlich geht, das heißt, dass die moralisch positive Bewertung von Tugenden wie Mut, Stärke, Treue, Ordnungssinn, Disziplin, Pünktlichkeit, Ehrlichkeit, Vernunft und Altruismus eine genauere Betrachtung der Wirklichkeit verhindert. Also habe ich mir vorgenommen, ohne moralische Brille die Schattenseiten von Tugenden und die Vorteile von Untugenden zu betrachten. Viele Entdeckungen haben mich dabei überrascht. Und je länger ich darüber nachgedacht habe, desto mehr haben die Tugenden ihren positiven Glanz verloren. Mir sind immer mehr Beispiele dafür eingefallen, dass moralische Wertungen die Wahrnehmung von Alltagssituationen bestimmen; gleichzeitig werden durch diese ›moralische Wahrnehmung‹ wichtige Aspekte der Wirklichkeit ausgeblendet. Und gehen wir nicht sogar oft so weit, uns selbst und andere mit moralischen Anforderungen unnötig zu tyrannisieren? Hält uns die Denksperre vorgefasster Tugenden häufig davon ab, sinnvolle Lösungen in Betracht zu ziehen und stimmige Wege zu gehen? Ist das scheinbar Gute also oft schlecht?

Verklemmung ade? – Tugenden als geronnene Moral

Vielleicht wird mancher Leser moralische Fragestellungen zunächst als antiquiert ansehen. Denn die Zeiten verklemmter Sexualmoral und preußischer Pflichterfüllung sind vorbei, und oft sieht es so aus, als wolle von Moral und Tugenden heute sowieso niemand mehr etwas hören. Und in der Tat, an die von Platon definierten und für die ganze Antike maßgeblichen Kardinaltugenden *Weisheit, Tapferkeit, Besonnenheit* und *Gerechtigkeit* mag sich heute kaum mehr jemand erinnern. Auch die von Thomas von Aquin im Mittelalter hinzugefügten christlichen Tugenden *Glaube, Liebe* und *Hoffnung* werden nur noch wenig beachtet. Heute sind andere Tugenden gefragt. Zudem werden diese modernen Tugenden meist gar nicht ausdrücklich formuliert, sondern kommen fast heimlich in unser Bewusstsein. Es erscheint uns selbstverständlich, dass wir vernünftig, gut organisiert, fleißig, wahrheitsliebend, pünktlich und nicht zu egoistisch sein sollten. Nur wer sich nicht an die meist unausgesprochenen Spielregeln hält, bekommt die sonst fast unsichtbaren

Begrenzungen zu spüren. Dem widerspenstigen Kind empfehlen wir: ›Sei doch vernünftig‹. Wer nach Ansicht seiner Umwelt seine eigenen Interessen zu vehement vertritt, dem wird Egoismus vorgeworfen. Wer sich in gegebene Ordnungen nicht genügend einfügen kann oder will, wird mit Ausschluss aus Gemeinschaften bedroht. Und wer sich nicht an die Wahrheit hält, ist sowieso schon unten durch.

Tugenden sind geronnene Moral. Aber die Moral der modernen Tugenden kommt meist nicht als bewusste Entscheidung, sondern eher als Selbstverständlichkeit daher, als Gebot des *Common Sense* oder, wie wir es in Deutschland zu nennen pflegen, als Ausdruck des gesunden Menschenverstands. Aber ist das, was als Common Sense verstanden wird, tatsächlich so allgemein akzeptiert, wie das Wort vermuten lässt, oder äußert er sich bei verschiedenen Menschen nicht doch sehr unterschiedlich? Und ist der gesunde Menschenverstand wirklich immer so gesund?

Lauter Untugenden oder Der nicht immer gesunde Menschenverstand

Bei meinen Überlegungen, die in entsprechende Kapitel dieses Buches mündeten, konzentrierte ich mich daher zunächst auf meist als selbstverständlich angesehene Alltagstugenden. Und siehe da, immer wenn ich diese Tugenden und ihre entsprechenden Untugenden näher betrachtete und mit philosophischen oder wissenschaftlichen Überlegungen konfrontierte, begann sich die Selbstverständlichkeit des gesunden Menschenverstandes rasch zu verflüchtigen, und statt der moralischen Schwarz-Weiß-Sicht kamen für mich wesentlich fruchtbarere Fragestellungen zum Vorschein:

Schon bei meinem vorher geschilderten Ausgangspunkt, dem Gegensatzpaar Fleiß/Faulheit, verdeckt die Bewertung als Tugend oder Untugend die Frage, wie ein sinnvolles Gleichgewicht zwischen aktivem und kontemplativem Leben aussehen könnte.

Die Auseinandersetzung mit der folgenden Untugend der Unpünktlichkeit regte mich zum Nachdenken über die Vieldimensionalität der

Zeit an, die durch die Fixierung auf den Aspekt der Uhr-Zeit heutzutage häufig ignoriert wird.

Fragen von Ordnung und Unordnung wurden für mich durch Beschäftigung mit Systemtheorie und Chaostheorie vollkommen neu beleuchtet, sodass ich mittlerweile dazu neige, den Begriff Ordnung nur noch im Plural zu verwenden.

Eine philosophisch fundierte Vernunftkritik ließ mir Unvernunft als vernünftig erscheinen.

Für ernsthafte Wissenschaftler ist es heutzutage eine Selbstverständlichkeit, dass die Idee einer absoluten und unveränderlichen Wahrheit unhaltbar ist. Aber ist uns diese Erkenntnis auch im Alltagsleben so präsent, dass wir die eigene Vorstellung von Wahrheit immer wieder relativieren und verändern?

Die Verurteilung von Egoismus und das damit oft verbundene Ideal der *Selbstlosigkeit* wurden mir immer suspekter. Statt vor Egoismus zu warnen, erscheint es mir oft angebrachter, das Ego bewusster wahrzunehmen.

Kampf der Kulturen

Aber auch aus anderen Gründen wurden mir Tugenden immer fragwürdiger. Denn der Kanon der meist unausgesprochenen Tugenden ist in der Tat nicht einheitlich und wird von verschiedenen gesellschaftlichen Gruppen vollkommen unterschiedlich definiert. Nach der Auflösung eines christlich-abendländischen Systems von moralischen Orientierungswerten haben in der modernen Gesellschaft mehr oder weniger alle Menschen damit begonnen, in Gruppen oder individuell eigene moralische Werte zu entwickeln. Statt *einer* christlichen Kultur sind viele Subkulturen entstanden, die jeweils ihre eigenen Wertvorstellungen haben und sie häufig vehement verteidigen. So unterscheiden sich zum Beispiel die Vorstellungen, wie eine Frau zu sein hat, vollkommen, je nachdem, ob sie sich in einem feministischen oder einem konservativ bürgerlichen Umfeld bewegt. Ein Verhalten, das ihr in einem Milieu Anerkennung als ›Powerfrau‹ einträgt, wird in anderer Umgebung als ›unweiblich‹ geächtet. Ein »Kampf der Kulturen« ist nicht nur zwischen den großen Weltkulturen wie etwa der christlichen Kultur und dem Islam entbrannt. Nein, dieser Kampf findet auch bei uns zwischen und sogar innerhalb der verschiedensten gesellschaftlichen Gruppen statt. Er wird in jeder Schulklasse ausgetragen, in jeder Nachbarschaft, jeder Familie und in jedem Schlafzimmer, ja er zieht sich sogar quer durch unser eigenes Ich. Denn immer, wenn wir unter dem Eindruck von neuen Erlebnissen oder Überlegungen unsere Meinung ändern, geraten wir mit den eigenen, schon vorgefassten Wertvorstellungen in Konflikt.

Moral als Waffe

Doch während sich eine gesellschaftlich einheitliche Moral in eine unbestimmte Vielfalt verschiedener Moralvorstellungen aufgelöst hat, ist die Neigung, die eigene Moral unhinterfragt als Ausdruck des Guten schlechthin anzusehen, häufig geblieben. Entscheidungen und Verhaltensweisen erhalten durch ihre moralische Begründung eine positive Bewertung und führen umgekehrt zur Abwertung von davon abweichenden Vorstellungen. Dies schürt besonders dann Konflikte, wenn die Definition von Tugenden und die Festsetzung von moralischen Werten zu Mitteln der Auseinandersetzung werden und das widerspenstige Gegenüber dadurch mit Ächtung bedroht wird. Zwar ist die Sexualmoral in den letzten Jahrzehnten wesentlich weniger restriktiv geworden und wir genießen diesbezüglich mehr Freiheiten. Aber in vieler Hinsicht hat die moralische Keule als Waffe noch längst nicht ausgedient. Mit moralischen Argumenten wird zu Felde gezogen gegen die Unflexibilität und Faulheit der Arbeitslosen, das angebliche Anspruchsdenken der Bürger, gegen das andere Geschlecht und gegen anders Denkende und Fühlende überhaupt. Moral wird im politischen wie im persönlichen Bereich häufig dann als Waffe benutzt, wenn die Überzeugungskraft sonstiger Argumente nachzulassen droht.

Risiken und Nebenwirkungen oder Die Tugend der Tugendlosigkeit

Die moralische Bewaffnung führt regelmäßig zu nicht enden wollenden Streitereien. Denn allgemein anerkannte Tugenden und eine allgemein verbindliche Moral sind heute und in Zukunft nicht mehr in Sicht. Aber müssen wir dies bedauern? Oder müssen wir einfach anerkennen, dass Moral offensichtlich nicht mehr viel zum Zusammenhalt moderner Gemeinschaften beitragen kann? Und wäre es, wenn man sich die Risiken und Nebenwirkungen von Moral vor Augen hält, sogar besser, ihren Gebrauch einzuschränken, und daher angebracht, vor Moral zu warnen? Wäre es nicht zeitgemäßer, statt eine neue Moral zu fordern, die Unterschiedlichkeit verschiedener Wertmaßstäbe zu akzeptieren und auf eine moralische Abrüstung hinzuarbeiten?

Jedenfalls führt die Reduzierung von moralischen Bindungen nicht geradewegs, wie gelegentlich befürchtet, in den Krieg aller gegen alle. Es gibt, wie ich im Schlusskapitel skizzieren möchte, gerade jenseits von Moral genügend Möglichkeiten, um das Zusammenleben von Menschen befriedigend zu regeln.

Durch meine Polemik gegen Moralapostelei und Gouvernantentum versuche ich, zur Gegenwehr gegen eine Sozialpädagogisierung der Gesellschaft anzustiften. Das Lob der Tugendlosigkeit, das ich in den folgenden Kapiteln singe, bietet allerdings keine fertigen und nachahmungsfähigen Patentrezepte. Stattdessen möchte ich zu einer lustvollen moralischen Lockerungsübung anregen. Und ich hoffe, Mut zu dem Abenteuer zu machen, sich auf individuelle und selbstbestimmte Wege zu begeben, um ein gutes Leben zu leben.

Faulheit

Ich ächze, also bin ich,
und zwar nützlich.
Odo Marquard

Ist etwas faul mit der Faulheit?

Ist es besser fleißig oder faul zu sein? Was für eine merkwürdige und scheinbar überflüssige Frage. Denn die Worte *fleißig* und *faul* liefern uns ja die Antwort gleich mit. Wenn wir sie benützen, werten wir mehr, als wir beschreiben. Dem Fleißigen gebührt scheinbar selbstverständlich Anerkennung. Der Faule und Un-Tätige bekommt dagegen Missbilligung zu spüren, eine Missbilligung, die sich häufig nicht nur auf konkretes Handeln, sondern auf seine ganze Person bezieht. Und was schon sprachlich selbstverständlich klingt, wird leicht als unveränderliche Wahrheit angesehen.

Ein Politiker wie Gerhard Schröder, der in einem Zeitungsinterview äußert, ›es gibt kein Recht auf Faulheit‹, weiß also, dass er nicht nur den

Lesern der größten deutschen Tageszeitung aus der Seele spricht. Kein Politiker scheint da zu sprechen, sondern ein strenger Vater oder Lehrherr, der seinen nachlässigen Zögling zurechtweist. Interessant wäre allerdings, wenn sich der Zögling dem Machtwort des Kanzlers nicht gehorsam fügt, sondern sich als mündiger Bürger fühlt und deshalb kritische Fragen stellt: Haben vier Millionen Arbeitslose vielleicht gar nichts mit Faulheit der Betroffenen zu tun, sondern sind Ausdruck der Tatsache, dass der Fleiß vieler einfach nicht mehr gefragt ist? Wenn es einen Mangel an Arbeitsplätzen gibt, müsste man nicht umgekehrt dankbar sein für jeden, der sich sein Leben auch ohne dieses knappe Gut vorstellen kann, und ihm, wie in der Landwirtschaftspolitik üblich, bereitwillig eine Stilllegungsprämie bezahlen? Soll die mit erhobenem Zeigefinger ausgesprochene Ermahnung womöglich vor allem die Tatsache verbergen, dass die Politik zurzeit gar keine Konzepte hat, um auf das durch den Produktivitätsfortschritt bedingte Schwinden der Arbeit zu reagieren?

Aber nicht nur im politischen Bereich geht die Orientierung an der Tugend Fleiß an den eigentlichen Problemen häufig vorbei. Machen wir mit Fleiß nicht so manches, was man eigentlich lieber bleiben lassen sollte? Ist es in vielen Situationen vielleicht sogar sinnvoll, faul zu sein?

Verweile im Nichttun

Die moralische Wertschätzung von Fleiß und Tätigsein war und ist durchaus nicht in allen Kulturen üblich. In der Bibel ist die Tatsache, dass der Mensch sein Essen im ›Schweiße seines Angesichts‹ essen muss, in erster Linie eine Strafe für den Sündenfall. Die klassischen griechischen Philosophen plädierten meist für ein Gleichgewicht zwischen aktivem und kontemplativem Leben oder sahen sogar Kontemplation als eigentliches Lebensziel an. Aristoteles sprach davon, dass sich Tätigkeit und Untätigkeit zueinander verhalten sollten wie Krieg und Frieden. Der Krieg oder die Tätigkeit ist nur gerechtfertigt, wenn er dem Frieden, das heißt der Untätigkeit und der Kontemplation dient. Das Ideal war nicht der tätige Mensch, sondern das Einssein mit der Natur in Ruhe und Beschaulichkeit, ohne dass deshalb die Notwendigkeit, bestimmte Dinge zu tun, übersehen wurde.

Auch im asiatischen Raum ist die einseitige Wertschätzung des Tätigseins unbekannt. Wer sich zu sehr in die Geschäfte des Alltags verwickeln lässt, läuft Gefahr, sich darin zu verlieren. Der Weg zu Weisheit und Lebensglück führt viel eher über die zumindest äußerlich untätige Einsamkeit der Meditation. Laotse zum Beispiel fordert Distanz zum Tätigsein, wenn er im Tao te King schreibt: ›Bei allem, was du tust, verweile im Nichttun, und es wird Ordnung herrschen.‹

Es gibt nichts Gutes, außer ...

In unseren Breiten dagegen ist das Tätigsein durch das protestantische Arbeitsethos heilig gesprochen. Müßiggang gilt als aller Laster Anfang, deshalb macht man häufig lieber irgendetwas als gar nichts. Bezeichnend erscheint mir eine kurze Szene, die ich mit einem bekannten Dirigenten bei einer Schallplattenaufnahme erlebt habe. Nachdem er ein gerade aufgenommenes Musikstück auf Band abgehört hatte, erklärte er dem Orchester: »In den Takten 135–148 passiert bisher zu wenig. Da müssen wir etwas machen. Bitte spielen Sie bei der nächsten Aufnahme an dieser Stelle ein Crescendo.« Ähnlicher Aktivismus um jeden Preis lässt sich in vielen Lebensbereichen beobachten. Auch in meiner Praxis als Hausarzt war ich häufig mit der Forderung konfrontiert: ›Jetzt müssen Sie aber etwas machen.‹ Ich hatte in diesen Situationen allerdings oft das Gefühl, nahe daran zu sein, gerade das Falsche zu tun. Es fordert Überzeugungskraft, einem Patienten mit einem Virusinfekt bei 40 Grad Fieber eben kein nebenwirkungsträchtiges und dazu nutzloses Antibiotikum zu verordnen und stattdessen darauf zu vertrauen, dass der Körper in den nächsten Tagen mit dem Infekt fertig wird. Bei Krebskranken ist es oft einfacher, für den Patienten belastende, aber offensichtlich aussichtslose Diagnostik und Therapie weiterzuführen, als gemeinsam anzuerkennen, dass die Erkrankung ihren schicksalhaften Verlauf nimmt. Umgekehrt konnte ich als Arzt oft nur mit Mühe akzeptieren, dass ein Alkoholiker noch nicht bereit ist, etwas an seinem Alkoholproblem zu ändern, sondern gerade nur eine Platzwunde von mir versorgt haben will.

Die Vorstellung, etwas zu tun, befriedigt uns meist mehr, als untätig zu bleiben und sich womöglich dem Verdacht auszusetzen, faul zu sein. Wer nichts tut, kommt unter Rechtfertigungszwang. Aber wie wohltuend kann ein Musikstück sein, in dem eine Weile scheinbar nichts passiert und wir ein Gefühl von ruhigem Atmen und Stille erleben. Und wenn es mir gelingt, mich vom Tätigkeitswahn zu befreien, habe ich oft in Abwandlung eines bekannten Sprichwortes den Eindruck: Es gibt nichts Gutes – außer man lässt es.

Die faulen Brüder

In Märchen kommt Faulheit meist schlecht weg. Die gute Fee hilft regelmäßig der fleißigen Tochter, und die Faulen werden vom Schicksal bestraft. Eine Ausnahme bildet das aus Norddeutschland stammende Märchen von den faulen Brüdern, die einen Bauernhof mit viel Einfallsreichtum so umorganisieren, dass sie nur noch wenig arbeiten müssen und daher ein schönes faules Leben genießen. Auf den ersten Blick könnte man meinen, dieses Märchen sei heute Wirklichkeit geworden, denn ein einzelner Arbeiter erntet heute mit dem Mähdrescher an einem Nachmittag mehr Weizen als vor hundert Jahren zehn Leute in einer Woche. Was tun mit der so gewonnenen freien Zeit? Müssen wir automatisch immer mehr produzieren, um nicht immer weniger zu arbeiten?

Ist der erfolgreiche Erfinder also ein fleißiger Tüftler, der mit seiner begrenzten Arbeitszeit immer noch mehr machen will? Oder ist der Erfinder nicht eher ein Faulpelz, der die Arbeitserleichterungen seiner Erfindungen genießt? Muss gute Arbeit immer hart sein oder können wir Intelligenz dazu nutzen, dass Arbeit weitgehend überflüssig wird, zumindest aber leicht und spielerisch?

Spiel

Ein Bekannter hat mir erzählt, dass er einmal als Kindergartenkind gelobt wurde, dass er so fest im Sandkasten arbeite, worauf er prompt geantwortet habe, dass er zum Spielen und nicht zum Arbeiten hier sei. Ich selbst war in der Vergangenheit da meist weniger selbstbewusst. Lange Zeit haben mich positive Wertungen meines eifrigen Tätigseins beeindruckt, und ich habe mich durch Lob für meine Arbeit zu noch mehr Arbeit motivieren lassen. Und wo der Ernst der Arbeit herrscht, hat Spielen scheinbar keinen Platz. Dabei hat das Spiel gegenüber der Arbeit manche Vorteile. Man spielt, weil es Spaß macht, und lässt es bleiben, wenn dies nicht mehr der Fall ist. Das Spiel muss nicht wie die Arbeit vorgeben, einem höheren Zweck zu dienen, sondern hat seinen Sinn in sich selbst. Während Arbeit immer einen Widerstand überwinden muss, sind wir im Spiel eher in der Lage, auf momentane Situationen und Stimmungen einzugehen und zu reagieren. Das Spiel hat keine moralische Funktion, man kann deshalb unmöglich *fleißig* spielen. Es steht jenseits von Fleiß und Faulheit, Wahrheit und Unwahrheit und ist weder gut noch böse. Spiel und Ernst sind angeblich Gegensätze. Auf jeden Fall ist das Spiel unvernünftig und überflüssig.

Vieles, was nicht offensichtlich einem bestimmten Zweck dient, ging in den letzten Jahrhunderten in der europäischen Kultur weitgehend verloren und begegnet uns daher vor allem noch in uns exotisch erscheinenden Ländern: tagelange Feste, die mit großer Begeisterung vorbereitet werden, ästhetische Ausgestaltungen des Alltags mit liebevoll gefertigtem Schmuck, aufwendige religiöse Rituale, ausführlich zelebrierte Mahlzeiten. Derartige Aktivitäten bewahren noch einen spielerischen Charakter. Und gerade deshalb können sie der Freude und der Schönheit näher stehen.

Was die Pyramiden anbelangt, ...

Die Chinesische Mauer, gotische Kathedralen, dicke Bücher, buchsbaumbeschnittene Barockgärten und aus Streichhölzern gebaute Schiffsmodelle haben eines gemeinsam: Sie beeindrucken, weil sie daran denken lassen, wie viel Arbeit dahinter steckt. Man kann die Angelegenheit aber auch ganz anders ansehen. Etwa so, wie dies Henry D. Thoreau tat, der es vor über 150 Jahren vorzog, sich in eine einsame Waldhütte zurückzuziehen, statt sich an der puritanischen Emsigkeit seiner amerikanischen Landsleute zu beteiligen. »Was die Pyramiden anbelangt, so ist an ihnen nichts so erstaunlich, wie die Tatsache, dass sich so viele Menschen fanden, die niedrig genug waren, um ihr Leben zur Erbauung eines Grabes für irgendeinen ehrgeizigen Tölpel zu verwenden, den in den Nil zu werfen und dessen Leichnam den Hunden zu überlassen vernünftiger und männlicher gewesen wäre ... Viele beschäftigen sich mit der Untersuchung der Monumente des Ostens und Westens und der Frage, wer sie erbaute. Ich für meinen Teil möchte gerne wissen, wer sie damals nicht erbaute – wer über diese Torheiten erhaben war.«

Allerdings sind ähnliche Torheiten auch heute noch nicht seltener geworden. Großbauten, prestigeträchtige Verkehrsprojekte und gewaltige Rüstungsvorhaben gebieten scheinbar Respekt und verschlingen dabei Milliardensummen. Aber die Ehrfurcht vor manchem neuzeitlichen Großprojekt, in das unendlich viel Fleiß investiert wird, lässt sich reduzieren, wenn man sich klarmacht, wie überflüssig es ist.

Fleiß ist die Wurzel alles Hässlichen

»Fleiß ist die Wurzel alles Hässlichen«, behauptete Oscar Wilde. Und man möchte ihm Recht geben, wenn man sieht, wie in vielen deutschen Städten die Bauwut der Nachkriegszeit mehr gewachsene Strukturen zerstört hat als die Bomben des Weltkriegs. Manchem Garten würde man wünschen, dass der Besitzer weniger Fleiß zum Scheren von Rasen und Hecken aufbringen würde. Der immer mehr zunehmende Verkehr muss unseren Planeten aus der Ferne aussehen lassen wie einen Termitenhügel. Und zahlreiche Arbeiten stellen sich als vollkommen überflüssig heraus, wenn man sie erst mal eine Weile liegen lässt. Schon Nietzsche bemängelt: »*Lieber irgendetwas tun als nichts* – auch dieser Grundsatz ist eine Schnur, um aller Bildung und allem höheren Geschmack den Garaus zu machen. Und so wie sichtlich alle Formen an dieser Hast der Arbeitenden zu Grunde gehen: so geht auch das Gefühl für die Form selber, das Ohr und Auge für die Melodie der Bewegungen zu Grunde.«

Der Fleißige will alles ändern und nach seiner Idee formen. Der Faule hat dagegen Zeit, die Schönheit im schon Vorhandenen und im organisch Wachsenden zu entdecken. Im dolce far niente, dem süßen Nichtstun, gedeiht der glückliche Augenblick oder aber wächst daraus ganz selbstverständlich die Lust zu neuen Taten. Während sich im Kleid des Fleißes häufig Raffgier verbirgt, die nie genug bekommen kann, lehrt die Faulheit, sich mit dem anzufreunden, was in erreichbarer Nähe vorhanden ist. Der Faule ist auch zu faul für Kriege und trägt daher klammheimlich zu deren Verhinderung bei.

Die Angst vor der Leere

Offensichtlich sind Überlebensnotwendigkeiten und reine Schaffensfreude nicht die einzigen Gründe, weshalb viele Leute unablässig tätig sind. Schon Lichtenberg äußerte den Verdacht: »Personen, die am aufgelegtesten sind, sich mit praktischen Dingen zu beschäftigen, oder, was man in der gelehrten Welt jetzt arbeiten nennt, sind die, die am wenigsten Unterhaltung in sich selbst finden.« Oft mag das Tätigsein einfach der Ablenkung von unerfreulichen Realitäten des Lebens dienen oder dem, wie es so merkwürdig heißt, *Zeitvertreib*. Viele flüchten sich vor der unendlichen Leere des Daseins in uferlose Aktivität oder fürchten sich ohne Beschäftigung vor Langeweile. – Diese Gründe, aktiv zu sein, sind alle legitim, außerdem sind sie mir persönlich auch nicht ganz fremd. Aber wer sie sich klarmacht, muss sich zumindest von dem Vorurteil verabschieden, dass tätige Menschen unbedingt bessere Menschen sind.

Oft erscheint das Tätigsein aber auch wie eine sinnlose Dressur, von der schon keiner mehr weiß, warum sie eigentlich stattfindet. »Seht doch nur, wie die Leute darauf abgerichtet sind, sich vereinnahmen und mitreißen zu lassen! Das geschieht überall in kleinen Dingen wie in großen; ob es sie selbst betrifft oder nicht, unterschiedslos springen sie ein, wo immer eine Arbeit oder Aufgabe zu erledigen ist – fehlt ihnen diese hektische Betriebsamkeit, sind sie ohne Leben. Sie beschäftigen sich um der Beschäftigung willen, dies aber weniger, weil sie unentwegt rennen wollen, sondern mehr, weil sie nicht stehen bleiben können: wie ein im Fallen befindlicher Stein etwa, der auch nicht vorm Aufschlagen einhält.«

Dabei könnten wir uns natürlich durchaus häufiger dazu entscheiden, einmal stehen zu bleiben, und uns fragen, wann es sinnvoll ist weiterzugehen.

Drei Stunden Arbeit sind genug

Sicherlich müssen wir alle von irgendetwas leben. Aber die Frage ist, wie viel Arbeit wir wirklich benötigen, um unseren Lebensunterhalt sicherzustellen. Schon 1884 betont Paul Lafargue in seiner sehr lesenswerten Schrift *Das Recht auf Faulheit,* dass sich die notwendige Arbeit dank dem durch Maschinen bedingten Produktivitätsfortschritt drastisch reduziert hat. Er fordert daher, »ein ehernes Gesetz zu schmieden, das jedermann verbietet, mehr als drei Stunden pro Tag zu arbeiten«. Aber der Prozess des Produktivitätsfortschrittes hat sich seit der Zeit Lafargues so rasch fortgesetzt, dass wir heute nur noch etwa ein Zwanzigstel der damals erforderlichen Arbeitszeit benötigen, um ein durchschnittliches Produkt herzustellen. Während sich Aristoteles noch darüber ausließ, dass Sklaven und Knechte nicht notwendig wären, wenn die Weberschiffe der Webstühle sich von selbst bewegen würden, leisten heutzutage Maschinen ein Vielfaches dessen, was Sklaven zu irgendeiner Zeit arbeiten konnten. Bei entsprechender Prioritätensetzung könnte es sich unsere ganze Gesellschaft leisten, dass alle viel weniger arbeiten würden, ohne dass sich irgendjemand den Vorwurf des Schmarotzertums gefallen lassen müsste.

Aber heute arbeiten häufig ausgerechnet die Privilegierten am verbissensten, die sich individuell ein weniger von Arbeit und Tätigsein bestimmtes Leben am ehesten leisten können. Wir scheinen weit davon entfernt, dass mit dem Schwinden der Arbeit, wie es Lafargue sich vorgestellt hat, »die alte Erde, zitternd vor Wonne, in ihrem Innern eine neue Welt sich regen fühlen« werde. Die drohende Langeweile macht Angst, und die Faulheit als Schreckgespenst hat immer noch nicht ausgedient.

Umweltzerstörung durch Arbeit

Dabei droht die Welt beileibe nicht an der Faulheit zu Grunde zu gehen. Im Gegenteil, die durch den rasanten Produktivitätsfortschritt geschaffene Möglichkeit, mit immer weniger Arbeit immer mehr zu produzieren, und der damit steigende Verbrauch natürlicher Ressourcen ist eine zunehmende Bedrohung des ökologischen Systems. Durch wirkungsvollere und mächtigere Werkzeuge kann der Mensch nicht nur seine Lebensgrundlagen in einem Bruchteil der Zeit als früher schaffen, sondern er ist auch dabei, sie dadurch immer rascher zu zerstören. Der angebliche Nichtsnutz, der unter der Brücke schläft und seinen Rotwein konsumiert, mag individuell eine tragische Figur sein, aber seine Ökobilanz ist wesentlich günstiger als die eines fleißigen Industriearbeiters, der täglich eine Menge Rohstoffe und Energie verbraucht. Wenn Inder und Chinesen sich durch ihren Fleiß pro Kopf der Bevölkerung so viele Autos wie die Europäer erarbeiten würden, wäre dies für das Überleben der Menschheit in kurzer Zeit eine ernste Bedrohung.

Aber schon heute schafft das ständig größer werdende Überangebot an Waren zunehmende Probleme und kann nur mit immer aggressiver auftrumpfender Werbung an die Verbraucher gebracht werden. Statt das Wenigerwerden der Arbeit als Himmelsgeschenk zu gestalten, ist eine ganz auf die Arbeit fixierte Gesellschaft damit beschäftigt, zur Rettung der Arbeit immer mehr zu konsumieren.

Wann lohnt es sich, faul zu sein?

Die sinnvollen Möglichkeiten, Arbeit auch in Zukunft weiter überflüssig zu machen, sind noch lange nicht ausgeschöpft. Was spricht dagegen, so zu leben, dass ein großer Teil der Arbeit von Sozialpädagogen, Psychotherapeuten und Ärzten überflüssig wird? Oft sind es moralische Zwangsjacken, die daran hindern, die freie Wahl zwischen der Freude am Tätigsein und der Faulheit unbefangen zu treffen.

Was andere vielleicht als Faulheit ansehen, hat für mich subjektiv sehr viele verschiedene Gesichter. Was mache ich, wenn ich äußerlich nichts mache? Denke ich nach über Vergangenes, plane ich Zukünftiges, ruhe ich mich von einer anstrengenden Tätigkeit aus, oder schöpfe ich Kraft für Neues, meditiere ich oder bin ich tatsächlich einfach mehr oder weniger genüsslich faul? Oft weiß ich selbst nicht, was gerade überwiegt. Erst recht fällt es mir häufig schwer zu entscheiden, wann es mir gut tut, wieder aktiv zu werden. Es ist nicht immer leicht, ein für sich selbst stimmiges Verhältnis von Tätigkeit und Kontemplation zu finden. Aber in jedem

Fall kann es nicht schaden, der allgemeinen Geschäftigkeit immer wieder mal eine gehörige Portion Faulheit gegenüberzustellen.

Diogenes und Alexander der Große

Denn die Heldenpose des fleißigen Tatmenschen als dem Wohltäter der Menschheit wird heutzutage immer fragwürdiger, und die ausschließliche Fixierung auf Tätigsein offenbart immer mehr destruktive Aspekte. Insofern ist die legendäre Geschichte von Alexander dem Großen und Diogenes heute aktueller denn je. Alexander besuchte bekanntlich den untätig in seiner Tonne liegenden Philosophen Diogenes und gab ihm gönnerhaft einen Wunsch frei. Die überraschende Antwort des Diogenes »Geh mir aus der Sonne« ist auch heute noch einleuchtend. Der Tätigkeitswahn hindert oft daran, das Leben zu genießen. Oft wäre es wichtiger, dem Glück nicht im Wege zu stehen, als aktiv etwas zu tun.

Diogenes und Alexander verkörpern nicht nur zwei vollkommen unterschiedliche Individuen, sondern symbolisieren Gegensätze, die in ähnlicher Form wahrscheinlich in den meisten Menschen stecken. Alexander ist der Prototyp des Tatmenschen, der sich selbst für die Sonne hält, deren Licht er in Wirklichkeit durch seinen Schatten verdunkelt. Mit seinen Aktivitäten zerstörte er auf seinen Eroberungszügen in zahlreichen Ländern gewachsene Strukturen und trieb furchtbaren Raubbau mit seinem Heer. Schließlich musste er seinen Feldzug in Indien abbrechen, da selbst seine eigenen Soldaten nicht mehr bereit waren, unbegrenzt weitere Entbehrungen zur Erfüllung seiner größenwahnsinnigen Pläne auf sich zu nehmen.

Im Gegensatz zur einseitigen Verherrlichung des Tätigseins, steht Diogenes für die Betonung von stiller Lebensfreude und Kontemplation. Statt materiellem Reichtum und Macht genießt er, was auch ohne Arbeit allen Menschen zur Verfügung steht.

Der immense Produktivitätsfortschritt hat nicht nur die Sklavenhaltung als Voraussetzung eines müßiggängerischen Lebens überflüssig gemacht. Selbst ein, an den Ansprüchen des Diogenes gemessen, hoher materieller Lebensstandard wäre heute für alle mit nur wenigen Arbeitsstunden täglich möglich. Die einseitige moralische Wertschätzung von Fleiß und die pauschale Verurteilung von Faulheit sind anachronistisch. Die materiellen Voraussetzungen für ein ruhigeres, kontemplativeres, weniger von Tätigsein und Arbeit geprägtes Leben sind günstiger als je zuvor in der Geschichte der Menschheit.

Es gibt ein Recht auf Faulheit. Die Sonne des Diogenes scheint heute heller als vor 2300 Jahren. Es liegt an uns, sie zu nutzen und die Tat- und Machtmenschen unserer Tage dazu zu bewegen, uns aus der Sonne zu gehen.

Unpünktlichkeit

Merkwürdig:
Alle haben Uhren, keiner hat Zeit.

In meiner Praxis als Arzt habe ich 15 Jahre gegen die Zeit, das heißt gegen die Unpünktlichkeit gekämpft. Wenn meine Helferinnen mehrere Termine in der Stunde vergeben hatten und die Patienten kamen nur mit Grippe oder Mandelentzündung zu mir, hatte ich keine Probleme, pünktlich zu sein, und konnte mich sogar noch in Ruhe nach der kranken Großmutter erkundigen oder über die derzeit laufenden Kinofilme unterhalten. Meist hatten die Patienten aber nicht nur Grippe. Und Schwierigkeiten mit der Pünktlichkeit hatte ich regelmäßig dann, wenn angebliche Grippepatienten am Schluss der Beratung noch berichteten, dass sie in den letzten Tagen beim Treppensteigen einen Druck auf dem Brustkorb spürten, oder eine Frau nur noch kurz fragen will, was die Verhärtung, die sie in ihrer Brust getastet hat, bedeuten könne, oder ein pubertierender junger

Mann erzählt, dass er in letzter Zeit immer wieder daran gedacht habe, sich umzubringen.

Sollte ich nun versuchen, dem Patienten gerecht zu werden, der gerade bei mir im Sprechzimmer war. Oder sollte ich lieber an die Patienten denken, die einen Termin ausgemacht hatten und schon einige Zeit ungeduldig im Wartezimmer saßen. Ich habe mich nie ganz für die eine oder andere Seite entschieden, sondern immer versucht, Wasser nach allen Mühlen zu tragen, das heißt, mich zwischen den verschiedenen Interessen durchzulavieren. Aber eines wurde mir immer klarer. Pünktlich kann ich in diesen Situationen nur dann sein, wenn ich ständig mich selbst samt meinem Gegenüber vergewaltige.

Die Erfindung der Pünktlichkeit

Es ist noch nicht sehr lange her, dass Menschen überhaupt die Möglichkeit haben, pünktlich zu sein. Denn dazu braucht es Uhren, und die sind erst in allerneuester Zeit allgemein verfügbar. Zwar gab es schon in der Antike Zeitmessung mit Sanduhren, Sonnenuhren und Wasseruhren, aber diese im Übrigen relativ ungenauen und meist nicht standardisierten Zeitmesser waren nie sonderlich verbreitet. Erst im späten Mittelalter wurden Uhren an Kirchtürmen in Europa angebracht und damit Uhrzeit für viele verfügbar. Vorher musste eine grobe Orientierung am Stand der Sonne meist genügen. Duelle wurden für die Stunde des Morgengrauens angesetzt. Erst ein Duellant, der bis zum höchsten Stand der Sonne um die Mittagszeit nicht eingetroffen war, galt wegen Nichterscheinens als Verlierer. Robert Levine, der in seinem sehr lesenswerten Buch *Eine Landkarte der Zeit* beschreibt, wie verschiedene Kulturen mit der Zeit umgehen, berichtet, dass im englischen Sprachbereich erstmalig Ende des 17. Jahrhunderts das Wort ›punctual‹ auftaucht, um einen Menschen zu bezeichnen, der genau zu einer festgelegten Zeit erscheint. Während sich vorher zeitliche Abläufe vor allem an den Ereignissen selbst orientiert hatten oder den Rhythmen der Menschen und der Natur gefolgt waren, wurden die Uhren mit ihrer zunehmenden Verbreitung zum bestimmenden Taktgeber des Lebensablaufs. Und es war ein gewaltiger Erziehungsprozess, den Arbeitern mit Beginn der Industrialisierung anzugewöhnen, zur Arbeit regelmäßig pünktlich zu erscheinen.

Die modernen Handschellen

Die uhrzeitgenaue Festlegung einer Arbeitszeit mit einheitlichem Anfang und Ende war eine unabdingbare Voraussetzung zur Synchronisation der Arbeitsabläufe in den neu entstehenden Fabriken und gleichzeitig eine der wichtigsten Veränderungen in dieser Zeit. Und in unseren Tagen endlich wird Pünktlichkeit durch die Kosten sparende ›just in time‹-Bereitstellung von Waren zu einem wichtigen betriebsübergreifenden Produktionsfaktor. Ohne die Koordination der Uhren wäre die moderne Industriegesellschaft undenkbar. Mit Recht wird daher die Uhr und nicht die Dampfmaschine als die wichtigste Maschine des Industriezeitalters angesehen. Despotischer als jedes noch so autoritäre Regime kann der Sekundentakt der Uhr das Zusammenwirken der Arbeitenden genau regulieren.

Und seit dem 19. Jahrhundert ist durch die zunehmende Verbreitung von Armbanduhren die Uhrzeit den Menschen auch körperlich nahe gerückt. Anfangs ein Prestigeobjekt für wenige, wurde die Armbanduhr mit der Zeit zu einem Allerweltsartikel für jedermann. Doch dieser Besitz bleibt nicht folgenlos; denn der Mensch hat nicht nur eine Uhr, die Uhr hat auch den Menschen. Die Armbanduhr misst nicht nur die Uhrzeit, auch der Mensch muss sich bald ständig an der Uhrzeit messen lassen. Sämtliche Lebensbereiche werden immer mehr durch das Maß der Uhr bestimmt. So wird mit Recht davon gesprochen, dass Armbanduhren die »Handschellen unserer Zeit« sind.

Die totale Herrschaft der Uhren

Mit der zunehmenden Verbreitung der Uhren wurde die Kunst, Zeit als Mittel der Herrschaft von Menschen über Menschen zu nutzen, immer weiter perfektioniert. Uhren wurden ein wichtiges Mittel zur Disziplinierung von Untergebenen, sei dies in Schulen, Behörden oder Betrieben. Schon im 19. Jahrhundert warben die Hersteller damit, dass Uhren dafür sorgen würden, die damals relativ neue moralische Tugend der Pünktlichkeit durchzusetzen. So behauptet ein Prospekt der Electric Signal Clock Company aus dem Jahr 1891, dass die Verwendung einer Uhr im Betrieb »eine völlig neue Situation für Bummler und Nachzügler« schafft, denn »es gibt keine Möglichkeit, sich über diese Signale zu beschweren – sie sind die Stimme des Direktors, die durch die Standarduhr in seinem Büro spricht«. Zuspätkommende werden mit Hilfe der Uhr als sozial tiefer stehend und sogar als moralisch minderwertig charakterisiert.

Bald wurde entdeckt, dass sich mit Hilfe der Uhren nicht nur Anfang und Ende der Arbeit genau festlegen lässt, sondern dass sie auch ein Mittel zur Steigerung der Arbeitsintensität und damit der Effektivität sein können. Die nach seinem Begründer Frederick Taylor benannte Methode des Taylorismus misst Arbeitsabläufe sekundengenau, um den Arbeitern dann exakte Normzeiten für bestimmte Tätigkeiten vorzuschreiben. Wie Charlie Chaplin in dem Film *Moderne Zeiten* treffend karikiert hat, wird der Arbeiter durch den Taylorismus zu einem robotergleichen Anhängsel der Maschine degradiert, der sich regelmäßig wie ein Uhrwerk zu bewegen hat.

Zeitmanagement

Seit Einführung der allgemeinen Schulpflicht ist die Anerziehung der Tugend der Pünktlichkeit für die Grundschüler einer der wichtigsten Lehrinhalte. Wer nicht bereit oder in der Lage ist, sich an Pünktlichkeit zu gewöhnen, kommt schon in der Schule frühzeitig unter die Räder. Besonders Kinder, die aus Kulturen kommen, die sich weniger an der Uhrzeit orientieren, tun sich mit nordeuropäischer Pünktlichkeit schwer.

Und da Intelligenz allgemein daran gemessen wird, welche Leistung eine Testperson in einer vorgegebenen Zeiteinheit schafft, werden diese Kinder tendenziell auch als weniger intelligent eingestuft. Überhaupt besteht aus nordeuropäischer Sicht die Neigung, Kulturen, die unseren Umgang mit der Uhrzeit noch weniger verinnerlicht haben, als unterlegen einzustufen und von vornherein abzuwerten.

›Zeit ist Geld‹ – getreu diesem Motto gilt in modernen Unternehmen die hohe Schule der Pünktlichkeit, das *Zeitmanagement* als Zauberwort. Obwohl ja der Mensch immer mehr durch die Zeit beherrscht wird, suggeriert das Wort Zeitmanagement obendrein, dass sich die Uhrzeit managen, also beherrschen lasse.

Wer pünktlich ist, hat zunächst einmal Recht, der Pünktliche gilt als gut organisiert, er hat die Sache im Griff. Und in der Tat sind wir oft durch die Unpünktlichkeit von Menschen oder Zügen genervt. Allerdings – der unpünktliche Zug ärgert uns vor allem dann, wenn wir selbst drinsitzen und dadurch einen Anschlusszug verpassen. Wenn der Anschlusszug dann auf uns wartet und dadurch unpünktlich wird, gefällt uns dies. Überhaupt werden die Nachteile der Pünktlichkeit und der damit verbundenen Orientierung unseres Lebensablaufs an der Uhrzeit meist vergessen.

Natürliche Uhren

Denn durch die Tatsache, dass die vom Menschen erdachte Uhr heute meist den alleinigen Maßstab für den richtigen Zeitpunkt eines Tuns vorgibt, werden zahlreiche natürliche Takt- und Zeitgeber ignoriert. Der Mensch trägt schon in sich selbst eine Reihe von Rhythmen, wie den Herzschlag, den Puls oder verschiedene Hormonzyklen, die im täglichen oder – wie der Menstruationszyklus – auch in größeren zeitlichen Perioden schwingen. Die damit verbundene, zu verschiedenen Zeitpunkten unterschiedliche Leistungsfähigkeit, lässt sich nicht ungestraft ignorieren. So ist es vermutlich kein Zufall, dass einige größere durch menschliches Versagen ausgelöste Katastrophen jeweils in den frühen Morgenstunden stattfanden, wie das Tankerunglück der Exxon Valdez 1989 in Alaska, die Chemiekatastrophe in Bhopal und die Atomreaktorunglücke Three Mile Island 1979 in USA und Tschernobyl 1986 in der UdSSR. Und selbst psychische Erkrankungen wie Depressionen und Schizophrenien, und nach neueren Forschungen sogar Krebserkrankungen, werden damit in Verbindung gebracht, dass menschliche Eigenrhythmen durch die unnatürliche Diktatur der Uhr, etwa durch Schicht- oder Nachtarbeit, durcheinander geraten.

Auch die äußeren Rhythmen der Natur sind für unser Wohlbefinden wichtig. Der Tag, die Gezeiten, der Monat und der Wechsel der Jahreszeiten sind jeweils Einflussfaktoren, die mehr oder weniger alle durch den immer mächtiger werdenden Einfluss der künstlichen Uhrzeit auf unser Leben negiert werden, zu einem oft nur schwer abzuschätzenden Preis.

Was ist die Zeit?

Die Uhrzeit als Maß der Zeit suggeriert, dass Zeit immer eine einheitlich fließende und messbare Größe ist. Dies ist jedoch nicht richtig. Zeit hat viele Gesichter, die mit dem Begriff der Uhrzeit überhaupt nicht fassbar sind und nur wenig damit zu tun haben. Beim näheren Hinsehen erscheint es sogar eher erstaunlich, dass wir alles das, was wir so verschieden bedenken, empfinden, berechnen, dem wir uns unterworfen fühlen, was wir in Fülle haben, beherrschen wollen, gewinnen oder vertreiben, immer mit dem gleichen Wort Zeit benennen. Wer sich die zahlreichen Facetten der Zeit vergegenwärtigt, dem kann es ähnlich gehen wie Augustinus, wenn er in seinen *Bekenntnissen* schreibt: »Was also ist die Zeit? Wenn mich niemand darüber fragt, so weiß ich es; wenn ich es jemandem auf seine Frage erklären möchte, so weiß ich es nicht.«

Wissenschaftler verschiedener Fachgebiete haben vollkommen andere Begriffe der Zeit. Die Physiker beschäftigen sich mit für den Laien unvorstellbaren Fragen, etwa ob Zeit umkehrbar ist. War sie vor dem Urknall überhaupt denkbar, und verschwindet sie irgendwann wieder in den schwarzen Löchern des Weltraums? Andere Naturwissenschaften sehen Zeit unter Aspekten, die durch biologische Rhythmen oder den Kreislauf der Natur, das heißt durch Tag oder Jahreszeit vorgegeben sind. Aus theologischer oder philosophischer Sicht hat Zeit wieder vollkommen andere Bedeutungen, die vor allem die begrenzte Lebenszeit des Menschen anderen Vorstellungen von Zeit gegenüberstellen. Während wir Europäer meist der Meinung sind, dass Zeit *vergeht,* sind Afrikaner in Tansania der Ansicht, dass Zeit *entsteht.* Je mehr wir diese verschiedenen Aspekte bedenken, desto mehr müssen wir feststellen, dass die Uhrzeit keine unveränderliche natürliche Größe ist, sondern eine von Menschen künstlich geschaffene Ordnung. Eine Ordnung allerdings, die in unserer Epoche alle anderen Vorstellungen und Maßstäbe von Zeit immer mehr verdrängt.

Die erlebte Zeit

In unserem subjektiven Empfinden fließt die Zeit nie so gleichmäßig und regelmäßig wie der Takt der Uhr. So vergeht zum Beispiel ein ereignisreicher Tag wie im Flug, obwohl er uns im Rückblick viel länger erscheint. Wenn nur wenig los ist, empfinden wir dagegen eher Langeweile, in einer Zeit, die wir im Nachhinein als viel kürzer empfinden. Mit dem Warten auf einen dringend benötigten Krankenwagen nach einem Unfall kann subjektiv eine halbe Ewigkeit vergehen. Für kleine Kinder mag die Zeit bis Weihnachten fast unendlich lange dauern. Schöne Stunden dagegen vergehen für uns immer viel zu schnell. Die zweite Hälfte eines Urlaubs erscheint uns subjektiv meist kürzer. Erst recht gilt dies für die zweite Hälfte des Lebens. Die Klage über die Kürze des Lebens ist eine typische Äußerung älterer Menschen, denen die noch verbliebene Lebenszeit immer schneller zwischen den Fingern zerrinnt.

Die Tatsache des Todes lässt sich nicht mit einer durch die Uhrzeit vermittelten Zeitvorstellung vereinbaren. Es ist kein Zufall, dass der Tod in der bildenden Kunst häufig durch eine Sanduhr symbolisiert ist – auch die Zeit des Lebens steht still, wenn sie abgelaufen ist. Wie die moderne Physik, die diskutiert, ob es ein Ende der Zeit gibt, so ist subjektiv die Zeit nach dem Tod unvorstellbar. Aber selbst mit Blick auf den Tod kann die Lebenszeit je nach religiöser Einstellung vollkommen unterschiedlich empfunden werden. Für einen religiösen Menschen mag das Leben nur eine kurze Episode vor der paradiesischen Ewigkeit sein. Einem Buddhisten bedeutet unsere irdische Zeit gerade *eine* Stufe auf dem Weg ins Nirwana. Der Atheist dagegen hat nur dieses eine Leben – als letzte Gelegenheit seine schnell vergehende Zeit zu leben, ohne dass ein zeitliches Danach denkbar ist.

Die moderne Vorstellung aber, dass Zeit Geld ist, wird in Anbetracht des Todes auf jeden Fall unsinnig. Zeit lässt sich nicht wie Geld sparen, sondern sie vergeht buchstäblich. Eine Zeitsparkasse wie in Michael Endes *Momo* wird durch den Tod ad absurdum geführt. Nachdem sie uns vorher zwischen den Fingern zerronnen ist, wird die Zeit mit dem Tod subjektiv zu einem unvorstellbaren Nichts.

Tempo giusto

Auch die Musiker und Komponisten wissen, dass die erlebte Zeit nur wenig mit der Uhrzeit zu tun hat. Obwohl seit der Zeit Beethovens mit dem Metronom eine objektive Geschwindigkeitsangabe von Musikstücken möglich ist, werden meist Tempoangaben verwendet, die sich vor allem auf das Erleben des Spielers oder Hörers beziehen. Ein mäßiges Tempo wird zum Beispiel häufig mit dem Wort ›Andante‹, also ›gehend‹, bezeichnet. Etwas flotter geht's dann im Allegro zu, aber wörtlich genommen ist dies gar keine Tempobezeichnung, sondern heißt einfach ›fröhlich‹. Das ›Grave‹ steht für ein langsames Tempo, obwohl das Wort ja nur ›schwer‹ heißt. Der Pianist Maurizio Pollini sprach einmal davon, dass er die Musik Beethovens so schnell spielen möchte, wie er glaubt, dass sie damals von den Zuhörern wahrgenommen wurde. Das heißt, da die zeitgenössischen Zuhörer beim Hören der Musik Beethovens sehr viele neue Eindrücke zu verarbeiten hatten, empfanden sie das Tempo der Musik als schneller als ein Hörer unserer Zeit, dem die Musiksprache Beethovens schon vertrauter ist. Der legendäre Dirigent Sergiu Celibidache lehnte Schallplatten, die er als ›tönende Pfannenkuchen‹ bezeichnete, rigoros ab. Er hatte das Empfinden, dass jede Kombination von Raum, Spieler und Situation ein eigenes Tempo erfordert. Ähnliche Überlegungen haben manche Komponisten dazu bewegt, einfach die Tempobezeichnung ›tempo giusto‹ also *richtiges Tempo* vorzugeben. Ein Tempo, das an einem Ort richtig ist, kann bei nächster Gelegenheit vollkommen unpassend sein. Und am menschlichsten ist es mit Sicherheit, wenn wir uns hin und wieder ein ›ritardando‹ gönnen, eine Tempoverlangsamung, die den Lauf der Uhr zumindest für kurze Zeit ignoriert.

Die Pünktlichkeit weiß nur von einem Punkt etwas

Wer auf die Pünktlichkeit fixiert ist, weiß von der Zeit nur wenig und schnürt sich große Teile seiner Erlebensmöglichkeiten ab. Der große Erfolg des Buches *Die Entdeckung der Lang-*

samkeit von Sten Nadolny ist ein Zeichen, dass vermehrt darüber nachgedacht wird, sich von dem Diktat der Uhr abzukoppeln. Sogar ein Verein zur Verzögerung der Zeit macht seit neuerem Furore und unterstützt allerlei Aktionen, um Sand in das Getriebe unserer neuzeitlichen Hektik zu werfen. Aber sich von der Uhr zu emanzipieren bedeutet nicht in jedem Fall, dass alles langsamer gehen muss. Auch ein schnelles Tempo kann in manchen Situationen unserem eigenen Rhythmus entsprechen. Aber Spaß an der Geschwindigkeit ist auch ohne Stoppuhr möglich. Selbstverständlich kann man sich mit Vergnügen schnell oder langsam lieben. Aber wer sich pünktlich lieben will, sollte es lieber gleich bleiben lassen.

Wer jahrzehntelang meist nach der Uhr gelebt hat, für den mag es sicher zunächst schwierig sein, seinen eigenen Rhythmus zu finden. Aber wem es gelingt, sein ureigenes Zeitgefühl wieder zu entdecken, wird wahrscheinlich dazu kommen, die neuzeitliche Unterwerfung unter die Uhrzeit als eine Perversion zu empfinden. Warum stehen wir Sommer wie Winter zur gleichen Uhrzeit auf, um zur Arbeit zu gehen, auch wenn im Winter zu dieser Zeit noch stockfinstere Nacht ist? Erst Uhren und künstliches Licht haben dies in neuerer Zeit möglich gemacht. Für unseren Körper wäre es aber vermutlich auch heute noch sinnvoller, es so zu machen, wie burmesische Mönche, die immer erst dann aufstehen, wenn es hell genug ist, die Adern auf der Haut zu sehen.

Der Sinn der Unpünktlichkeit

Die Fähigkeit, pünktlich zu sein, erleichtert uns in vielen Situationen das Leben. Gerade deshalb sind wir häufig geneigt, den möglichen Sinn der Unpünktlichkeit zu übersehen. Mittels der künstlichen, von Menschen erdachten Uhrzeit sind wir in der Lage, zahlreiche Aktivitäten zu koordinieren. Aber eine Unmenge von menschlichen und natürlichen Impulsen und Rhythmen widerstreben dem gleichmacherischen Diktat der Uhr. Und genau in dem Augenblick, wo wir drohen unpünktlich zu sein, werden diese vielfältigen Impulse am besten sichtbar. Und fast immer wird es sich lohnen, gerade dann noch etwas innezuhalten und genauer hinzusehen. Bin ich vielleicht unpünktlich, weil ich diese Verabredung eigentlich gar nicht will, und sollte ich mir deshalb überlegen, sie gänzlich bleiben zu lassen? Oder habe ich eine andere, mir wichtige Angelegenheit noch nicht so weit abgeschlossen, dass ich mich schon etwas Neuem widmen will? Oder ist einfach mein eigener Rhythmus langsamer als der, den mir die Uhrzeit vorgeben will? Den ›eigenen Trommelschlag hören‹ können wir besser, wenn wir uns nicht zu sehr auf Pünktlichkeit fixieren. Ein Psychotherapeut berichtet, dass er einem Klienten, der in seiner Arbeitsgruppe große Probleme mit seiner eigenen Unpünktlichkeit hatte, empfahl, bei den nächsten Malen, sein Zuspätkommen jeweils heimlich einem Kollegen zu widmen, über den er sich an diesem Tag geärgert hat. Auch dies eine Möglichkeit, Unpünktlichkeit einen Sinn zu geben.

Polychromie durch Polychronie

Wenn ich ein Essen koche, dauert dies oft etwas länger, als ich mir das vorstelle. Deshalb bin ich manchmal gar nicht sonderlich begeistert, wenn meine Gäste pünktlich kommen. Überhaupt liebe ich private Verabredungen ›so zwischen acht und neun‹, die allen Beteiligten einen Spielraum lassen, dann zu kommen, wann es ihnen angenehm ist. Andererseits bin ich natürlich auch nicht glücklich, wenn ich mich im Winter auf der Straße verabrede und dann eine halbe Stunde in der Kälte warte. Es kommt also immer auf die Umstände an. Gegen Pünktlichkeit als Ausdruck von Ordnungsliebe oder des ›Zeit ist Geld‹-Denkens versuche ich mich allerdings immer mehr zu wehren.

Sich mit Unpünktlichkeit anzufreunden bedeutet nicht unbedingt, die Fähigkeit zur Pünktlichkeit zu verlieren, sondern vielmehr eine angenehme Erweiterung der Verhaltensmöglichkeiten. Bei Auslandsreisen in südlichen Regionen kann man sich davon überzeugen, dass in aller Regel die Menschen in Ländern, wo die Uhren ungenauer, oft gar nicht oder in unseren

Augen zumindest langsamer gehen, einen heitereren, gelasseneren und freundlicheren Umgang miteinander pflegen als in unseren nördlichen Breiten. Davon kann man sich getrost eine Scheibe abschneiden.

In Gebieten, wo sich verschiedene Kulturen treffen, gibt es öfter Menschen, die es schaffen, sich die besten Möglichkeiten mehrerer Welten zu bewahren. So schreibt zum Beispiel Levine über Mexikaner, die in Kalifornien arbeiten, aber privat weiter in Mexiko wohnen. Diese Leute berichten, dass sie jeweils schlagartig beim Grenzübertritt innerlich ihre Haltung ändern. Für die Arbeitszeit in den USA gilt ›time is money‹, und die Uhr gebietet Pünktlichkeit. Im mexikanischen Privatleben dagegen hat jedes Ding seine Zeit in sich selbst, und Uhren sind überflüssig. In der Tat, wirklich Zeit haben kann man erst, wenn man die Uhr abgelegt hat. Pünktlichkeit kann als Verabredung in manchen Situationen sinnvoll sein, eine Tugend ist Pünktlichkeit deshalb noch lange nicht. Auch wir können – statt immer möglichst dem moralischen Zeigefinger und dem abstrakten Gebot der Pünktlichkeit zu folgen – uns angewöhnen, mit der Zeit flexibler umzugehen, und lernen, abwechselnd nach verschiedenen Zeitordnungen zu leben. Mit dieser Vielzeitigkeit kann das Leben farbiger werden. Polychronie verhilft uns zu Polychromie.

Unordnung

You don't need the weatherman
to know which way the wind blows.
Bob Dylan

Jedes Jahr, wenn der Steuerberater anruft, um mir mitzuteilen, dass der Abgabetermin meiner Einkommenssteuererklärung näher rückt, verfluche ich meine häusliche Unordnung. Wieder mal habe ich ein ganzes Jahr Kontoauszüge einfach ungeordnet liegen lassen. Rund um meinen Schreibtisch liegen kreuz und quer Rechnungen, Ausgabenbelege und Spendenquittungen. Andere wichtige Papiere sind gänzlich unauffindbar. Und wieder mal bin ich frustriert, es auch in diesem Jahr nicht geschafft zu haben, meine Unterlagen so in Ordnung zu halten, dass ich das Notwendige einigermaßen schnell bei der Hand habe. Immer wieder schießt mir durch den Kopf, es so zu machen wie jener Schriftsteller, der aus Verzweiflung seinen ganzen Papierkram einfach auf einen Haufen geworfen und angezündet hat. Aber ich weiß, dass dies auch nicht die Lösung sein kann.

Ordnungssehnsucht

Für eine Weile nehme ich mir vor, ein ordentlicherer Mensch zu werden. Ich erinnere mich an meine Eltern und Lehrer, die mir immer wieder vorgehalten hatten, dass es ohne eine ›gewisse Ordnung‹ nicht geht. Oder ich denke daran, dass ich auch meinen Kindern empfehle, in ihrem Zimmer erst einmal aufzuräumen, wenn sie ihre Schulsachen nicht mehr finden. Ich fange an, mich für Bücher zu interessieren, wie *Feng shui – gegen das Gerümpel des Alltags,* Bücher, in denen behauptet wird, dass Unordnung die Lebensenergie behindert und wir durch Aufräumen nicht nur unsere Umgebung, sondern auch unsere Seele ›in Ordnung‹ bringen könnten. Ich phantasiere, wie viel Zeit ich zur Bewältigung meiner Unordnung verschwende und wie ich diese Zeit sinnvoller verwenden könnte.

Aber bevor die Sehnsucht nach Ordnung überhand nimmt und ich mich ernsthaft daranmache, ein ordentlicher Mensch zu werden, fallen mir prompt die Kehrseiten der Ordnungsliebe ein. Ich denke daran, dass mir die Wohnung gar nicht so sehr behagt, wenn sie zu sehr aufgeräumt ist. Mir wird klar, dass es immer verschiedene Ordnungen gibt, an denen wir uns orientieren können, und wie sehr sich die Gebote verschiedener Ordnungen oft widersprechen. Mir wird auch klar, wie ambivalent mein Verhältnis zu allen Arten von Ordnung ist und wie meinem Bedürfnis nach mehr Ordnung die Lust gegenübersteht, aus vorgegebenen Ordnungen auszubrechen. Und politisch ist mir die Forderung nach mehr Ordnung sowieso suspekt.

Gott ist ein Chaot

In einer Karikatur zeichnet Hans Traxler ein Paar auf der Bank eines Schrebergartens sitzend, in dem die Beete perfekt rechtwinklig angelegt sind und Tulpen militärisch geordnet in Reih und Glied stehen, während außerhalb die Natur wild und chaotisch wuchert. In der Unterschrift heißt es: »Gott ist im Grunde seines Wesens ein Chaot, und er weiß es. Deshalb hat er uns Menschen geschaffen, um für die nötige Ordnung zu sorgen.« Durch die moderne Chaostheorie bekommt diese Karikatur eine ernsthafte Pointe. Wahrscheinlich sind wir tatsächlich von Chaos umgeben, zumindest aber von einer Ordnung, die wir nicht durchschauen können. Und vielleicht ist das, was wir Ordnung nennen, nur eine mehr oder weniger lächerliche menschliche Vorstellung, wegen der wir mühsam und oft vergeblich versuchen, die Welt zu erklären und zu gestalten.

Wer das Wort *Ordnung* in den Mund nimmt, kann dabei an vollkommen verschiedene Dinge denken. Hat es überhaupt etwas miteinander zu tun, wenn ich in meiner Wohnung so Ordnung halte, dass ich ein Buch einigermaßen schnell wieder finde, oder wenn ich an eine gesellschaftliche, politische, natürliche oder gar göttliche Ordnung denke?

Wenn wir davon sprechen, dass etwas ›in Ordnung‹ ist, drücken wir damit Einverständnis aus. Finde ich eine Angelegenheit dagegen ›nicht in Ordnung‹, so schwingt darin meist auch eine moralische Verurteilung mit. Mit welcher Ordnung wir mehr oder weniger einverstanden sind, steht dabei auf einem ganz anderen Blatt. Verschiedene Leute mögen sogar dieselbe Sache in Ordnung finden und dabei an ganz verschiedene Ordnungen denken. Aber zweifellos haben wir immer wieder das Bedürfnis, Dinge und Ereignisse einzuordnen und damit innerlich quasi abzuheften. Ein in die Luft geworfener Stein, der auf den Boden zurückfällt, ist schnell vergessen. Beschäftigen würde uns die Angelegenheit, wenn er oben bleiben und damit unsere Vorstellung der physikalischen Ordnung durcheinander bringen würde. Ein guter Bekannter, der plötzlich nicht mehr grüßt, irritiert uns zumindest so lange, bis wir eine Erklärung für dieses Verhalten gefunden haben und es damit einordnen können. Und wenn wir die Ursache für sein Verhalten erfahren haben, werden wir eventuell versuchen wollen, die Sache wieder in Ordnung zu bringen. Wir haben eine Sehnsucht nach Ordnung im persönlichen Bereich, aber auch darüber hinaus.

Die verlorene Weltordnung

Wissenschaft und Philosophie sind zu allen Zeiten Versuche, die Welt gedanklich zu ordnen. Und schon die Vorstellung einer bestimmten Ordnung scheint die Menschen häufig zu befriedigen, auch wenn diese Vorstellung nicht unbedingt der Wirklichkeit entspricht. Ob die Erde eine Scheibe oder eine Kugel ist, hatte für den durchschnittlichen Zeitgenossen des 16. Jahrhunderts keinerlei praktische Konsequenz. Trotzdem wurde die kopernikanische Wende als eine Verunsicherung und Bedrohung erlebt, da sie ein Weltbild zerstörte, das die Menschen während des Mittelalters in ihren Köpfen hatten. Vielleicht ahnten sie, dass es in Zukunft nie mehr für längere Zeit eine allgemein akzeptierte, allumfassende Weltordnung geben würde. Skeptiker wie Montaigne befürchteten schon damals, dass bald nach Kopernikus ein anderer mit einem wieder ganz neuen Weltbild daherkommen könnte. Und Bacon endlich bezweifelte sogar, ob die Ordnung in unseren Köpfen überhaupt so viel mit der Ordnung der Welt zu tun hat, und vermutete, dass es ein »Trugbild des menschlichen Stammes« ist, dass der menschliche Geist dazu neigt, »in den Dingen einen größeren Grad von Ordnung und Regelmäßigkeit anzunehmen, als wirklich darin ist«. Kant ging sogar so weit, die Vorstellung, dass wir eine Ordnung der Natur erkennen könnten, als Illusion zu betrachten, und sah die Angelegenheit genau umgekehrt: Es ist der Mensch, der der Natur eine Ordnung gibt. Er wird aber nie erfahren, ob diese Ordnung in Wirklichkeit auch die Ordnung der Natur ist.

Aus Ordnung werden Ordnungen

Aber unbekümmert von den kantschen Zweifeln richten wir uns im Alltag meist nach gedanklichen Ordnungen und Leitideologien und neigen dazu, diese Ordnungen für die Ordnungen der Welt an sich zu halten. Ohne uns meist darüber Rechenschaft abzulegen, ziehen wir aus den Vorstellungen von gedachten Ordnungen und Weltbildern Analogieschlüsse auf unseren persönlichen Bereich. Zum Beispiel über tragen wir die Modelle aus Newtons Physik auf unseren Alltag und glauben, dass die uns umgebenden Erscheinungen Wirkungen sind, die aus einer definierten Ursache hervorgehen und sich daraus mehr oder weniger errechnen lassen. Und die in der Neuzeit verloren gegangene Ordnung eines Gottes, ›der alles so herrlich regieret‹, wurde in den vergangenen Jahrhunderten abwechselnd ersetzt durch die Vorstellung einer bürgerlichen Ordnung von freien und gleichberechtigten Individuen oder einer sozialistischen Ordnung, und endlich im Kapitalismus einer fälschlicherweise darwinistisch genannten Ordnung, in der ein ständiger Kampf aller gegen alle zu einer Auslese der Stärkeren führen soll.

Wer das Bild einer bestimmten Ordnung in sich trägt, hat häufig die Tendenz, Erscheinungen, die nicht in dieses Bild passen, zu ignorieren, oder wenn sich dies nicht mehr machen lässt, als Störungen zu definieren, die möglichst ausgeschlossen oder minimiert werden sollen. Aber manchmal bringt eine Störung eine ganze Ordnung vollkommen durcheinander und stürzt sie ins Chaos. Die Sehnsucht nach Ordnung lässt sich nur dann noch befriedigen, wenn es gelingt, dieses viel gefürchtete Chaos als neue Ordnung zu definieren. Oder aber wir kommen zu der Sichtweise, die Störung als eine Folge einer ganz anderen Ordnung zu betrachten, die mit unserer ursprünglichen Ordnung in Wechselwirkung tritt. Wenn wir das Wort Ordnung in den Plural setzen und versuchen mit verschiedenen Ordnungen oder, um ein modernes Wort zu benutzen, *Systemen* zu rechnen, wird die Angelegenheit zwar noch komplizierter; aber in neuerer Zeit stellt sich immer mehr heraus, dass das Denken in miteinander in Wechselwirkung stehenden Systemen immerhin geeignet zu sein scheint, die Realität widerspruchsfreier zu beschreiben.

Das Dreikörperproblem

Mit dem Aufschwung der Naturwissenschaften seit der Renaissance schien die Menschheit, nach Ansicht zahlreicher Denker, dem Traum, die Welt wissenschaftlich ordnen und beherrschen zu können, immer näher zu kommen.

Obwohl vereinzelte Skeptiker immer wieder daran zweifelten, waren viele Wissenschaftler optimistisch, dass es gelingen könne, sämtliche Rätsel der Menschheit zu lösen. Die Erkenntnisse der Physik über die Bewegungsbahnen der Planeten und die Gesetze der newtonschen Mechanik wurden zum Symbol dafür, dass es nur noch eine Frage der Zeit sei, bis wir die Wirklichkeit mathematisch berechnen und die Zukunft vorhersagen könnten. Aber obwohl gerade Physiker über Jahrhunderte diese Hoffnung genährt hatten, hat ausgerechnet die moderne Physik sie in den letzten 100 Jahren wieder als Illusion entlarvt. Einen wichtigen Beitrag zu dieser Desillusionierung leistete der französische Physiker Poincaré durch seine Beschäftigung mit dem so genannten Dreikörperproblem. Er fand heraus, dass sich zwar das Verhalten von zwei Körpern, etwa Planeten zueinander, sehr genau nach den Gesetzen der Mechanik vorhersagen und errechnen lässt, aber dass sich die Situation vollkommen ändert, wenn ein dritter Körper mit in dieses System eingeführt wird. Zunächst erscheint noch eine näherungsweise Rechnung, wie sich die drei Körper zueinander verhalten, möglich. Aber es stellte sich heraus, dass im Lauf der Zeit der Fehler dieser Rechnung immer größer wird. Und irgendwann wird einer der Körper plötzlich vollkommen aus der Bahn geworfen und die drei fangen an, sich aus der ursprünglichen Sicht her vollkommen unvorhersehbar, das heißt chaotisch zueinander zu verhalten.

Der Schmetterlingseffekt

Wenn wir uns als Beispiel eine Reihe von Billardkugeln nehmen und die erste Kugel auf eine genau definierte Weise auf eine zweite Kugel stoßen, so können wir zunächst die Wirkungen dieser zwei Kugeln aufeinander relativ genau berechnen. Aber die Anziehungskräfte der anderen Kugeln produzieren von Anfang an einen winzigen Fehler, der sich nach mehreren wechselseitigen Stößen sehr rasch potenziert. Nach vielleicht zwanzig Stößen würde selbst ein winziger Körper, der sich viele Kilometer entfernt befindet, durch seine Anziehungskraft die Bahn der Billardkugel so sehr verändern, dass eine Vorausberechnung selbst mit maximalem Rechenaufwand moderner Computer vollkommen undenkbar wird. Die Tatsache, dass minimalste Ursachen über sehr weite Strecken trotzdem letztendlich entscheidenden Einfluss haben können, wird seit den 80er Jahren als Schmetterlingseffekt bezeichnet. Danach soll der Flügelschlag eines Schmetterlings in China in der Lage sein, über zahlreiche positive Rückkoppelungen einen Wirbelsturm in den USA auszulösen. Zwar ist der Schmetterlingseffekt eher als poetische Erfindung denn als messbare Realität anzusehen; aber auf jeden Fall müssen wir anerkennen, dass auf Grund der unendlichen Zahl kleiner Einflussfaktoren komplizierte natürliche Systeme für den Menschen buchstäblich unberechenbar sind. So sind zum Beispiel auf absehbare Zeit langfristige Wettervorhersagen über einen Zeitraum von mehr als zwei Wochen hinaus undenkbar. Sämtliche Vorstellungen von einem linearen Ursachendenken werden immer fragwürdiger. Jedes Phänomen hat unendlich viele Ursachen, die für den Betrachter nicht übersehbar sind. Statt als Ergebnis einer definierten Ursachenkette lässt sich die Wirklichkeit daher eher als ein nur in vereinfachten Teilsystemen durchschaubares Gewebe von Wechselwirkungen verstehen. Auch andere physikalische Theorien der letzten einhundert Jahre, wie die Relativitätstheorie Einsteins, die heisenbergsche Unschärferelation und die Quantentheorie, lassen das Ziel, die Welt als eine geschlossene Ordnung zu begreifen, als unerreichbar erscheinen.

Rollenspiele

Der Leser wird sich nun mit Recht fragen, ob diese naturwissenschaftlichen Modelle überhaupt etwas mit unserer sozialen Wirklichkeit zu tun haben beziehungsweise sich hierauf übertragen lassen. Aber auch im sozialen Bereich hat sich die Vorstellung, die Welt als *eine* hierarchische Ordnung anzusehen, als immer weniger fruchtbar erwiesen. Jeder Mensch ist als Einzelwesen sozusagen ein geschlossenes System. Gleichzeitig haben wir teil an einer Vielzahl von anderen Systemen, einer Partnerschaft, einer Familie, Freundeskreisen, Vereinen, einem

Betrieb und einem Staat, ohne dass wir uns vollkommen durch eine dieser Rollen definieren lassen. Kein Mensch lässt sich ausschließlich als Einzelwesen verstehen oder aber nur als einem der genannten Systeme zugehörig. Es wird auch immer fragwürdiger, ob sich Sinn und Zweck verschiedener Systeme hierarchisch gliedern und ordnen lassen. Denn oft widersprechen sich die Zielrichtungen dieser Systeme gegenseitig in vieler Hinsicht. Eher lassen sich die verschiedenen sozialen Systeme, in die wir eingebunden sind, als ein chaotisches Geflecht ansehen. Die zahlreichen Rollen, die wir in unserem Leben spielen, sorgen immer wieder für Unordnung, Verwirrung und Orientierungsschwierigkeiten. Wir fühlen uns oft zerrissen zwischen persönlichen, familiären, freundschaftlichen und beruflichen Neigungen und Aufgaben, und die Sehnsucht, Ordnung in dieses Durcheinander zu bringen, kann nie so recht befriedigt werden.

Hier stehe ich, ich kann auch anders

Aber das Chaos hat auch seinen Reiz. Denn die Orientierung ausschließlich an einem System, sei dies ein Staat, eine Liebesbeziehung oder ein Beruf, führt immer zur Einseitigkeit und dem Ausschluss anderer Möglichkeiten. Wer alles auf eine Karte setzt, droht alles zu verlieren, und die Freiheit verliert er durch eine einseitige Festlegung auf jeden Fall. Sich abwechselnd in verschiedenen Systemen zu Hause zu fühlen, führt dagegen zu einer Gewaltenteilung, die keiner einzelnen Macht ausschließliche Herrschaft über sich einräumt. Wer in verschiedenen Systemen und Ordnungen mitspielt, gewinnt die Fähigkeit, dem Druck von einer Seite auszuweichen und sich stattdessen in einem anderen Bereich zu entfalten. Zwar wird zum Beispiel oft mit Recht die Doppelbelastung von Familienarbeit und beruflicher Arbeit thematisiert. Aber wer sich entsprechend einrichtet, kann das Kochen und Zusammensein mit den Kindern einerseits und die berufliche Arbeit andrerseits jeweils als Erholung von der anderen Tätigkeit auffassen und die Abwechslung als wohltuend erleben. ›Hier stehe ich, ich kann auch anders‹ – diese köstliche Freiheit kann nur genießen, wer ein gewisses Chaos im Leben in Kauf nimmt und immer wieder von einer Ordnung in eine ganz andere springt.

Unordnung in der Ordnung

Häufig ist in unseren Ordnungen sogar eine Nische der sozial anerkannten Unordnung eingeplant. Sowohl der Sonntag als auch Urlaub oder Fasching sind Auszeiten, in denen die Menschen für bestimmte Zeit von der Ordnung des Alltags entbunden sind. Diese Inseln der Freiheit machen für viele die Einengung durch die alltägliche Ordnung erträglicher. Sie dienen als Ventil für Impulse, die sonst unterdrückt werden, und tragen auf diese Weise zur Stabilisierung der Ordnung bei. In der traditionellen Landwirtschaft wurde sogar der Natur eine begrenzte Zeit der Rückkehr zum Chaos eingeräumt, wenn die Felder alle sieben Jahre für eine Saison brachlagen.

Manchmal kann Ordnung sogar umgekehrt ein Mittel sein, um Binnenräume zu schaffen, in denen das Chaos wuchern kann. So kann die Eintönigkeit eines Arbeitstags durch bewusste Einrichtung von Zeitstrukturen so verändert werden, dass wohltuende Freiräume entstehen.

Schillernde Dimensionen

Oft kann es hilfreich sein, bewusst jede Ordnung ganz hinter sich zu lassen. In Gruppen wird häufig unsystematisches Denken in der Form von Brainstorming genutzt, um originelle Ideen zu entwickeln. Erst recht in der Psychotherapie werden Klienten häufig aufgefordert, vom Denken in ordentlichen und vorgefassten Bahnen wegzukommen und frei zu assoziieren. Die chaotische Welt der Träume diente der klassischen Psychoanalyse dazu, in die Tiefen der Seele vorzudringen. Kunst und Literatur aller Epochen ist häufig von Traumwelten inspiriert. Und wenn ich selbst mit einem mir zunächst unlösbar erscheinenden Problem beschäftigt bin, fallen mir oft im Halbschlaf, wenn die Gedanken ungeordnet durcheinander purzeln, die besten Lösungen ein. Angeblich geordnetes und vernünftiges Denken behindert oft die Phantasie und verhindert den Zugang zu dem, was in uns vorgeht und uns bewegt. Denn unsere Gefühle sind wechselnd, chaotisch und widersprüchlich. Wie der Impressionismus in der bildenden Kunst darauf verzichtet, das ein für alle Mal gültige Bild der Realität zu malen, und stattdessen den Eindruck eines Augenblicks abbildet, so können wir durch spontanes und unsystematisches Denken in sonst nicht erfassbare und immer wieder neu schillernde Dimensionen unseres Daseins vorstoßen.

Das Verhaltensrepertoire ausweiten

Spaß am Chaos kann schon erleben, wer im Schwimmbadwasser tanzt und ungewohnte Bewegungen ausprobiert, statt brav Bahnen zu schwimmen. Zwar kann dies Verwunderung oder gar Ärger bei manchen ordentlichen Menschen auslösen. So wie der Langsame regelmäßig dem Schnellen im Weg ist und nicht umgekehrt, obwohl doch beide den Rhythmus des jeweils anderen stören, so ist auch der Schwimmer von ordentlichen Bahnen fast immer überzeugt, Vorfahrt vor dem Kreuz-und-quer-Schwimmer zu haben. Aber das muss den Spaß, sich chaotisch zu bewegen, nicht unbedingt verderben. Und wie in der asiatischen Kampfkunst die Kraft häufig aus der Fähigkeit nachzugeben kommt, so kann es den Chaoten sogar beleben, darauf zu achten, sich da zu bewegen, wo andere Platz lassen. Während Kinder Purzelbäume schlagen und Kopfstände machen, haben wir als Erwachsene meist die Tendenz, uns in vieler Hinsicht immer mehr in eingefahrenen und geordneten Bahnen zu bewegen. Das Vergnügen am Chaos kann dem entgegenwirken und uns helfen, das Repertoire unserer Bewegungen und Verhaltensweisen wieder auszuweiten und aus festgefahrenen Ordnungen auszubrechen. Der Ordnung eine lange Nase zeigen ist ein wichtiges Mittel, um uns hin und wieder zu vergewissern, dass wir noch am Leben sind.

Mit dem Chaos anfreunden

Unordnung und Chaos sind nicht Katastrophenzustände, sondern unsere alltägliche Realität. Deshalb hat es keinen Sinn, sie zu fürchten und mit allen Mitteln zu vermeiden. Besser ist es, sich die chaotischen Kräfte nutzbar zu machen. Auch wenn beim Segeln der Wind chaotisch und in Richtung und Stärke nie genau vorhersehbar ist, weiß der erfahrene Segler ihn zu nutzen, um damit an sein Ziel zu kommen. Natürlich kann es immer wieder hilfreich sein, sich nach Möglichkeit Inseln der Ordnung zu schaffen, aber der nächste Wind, der alles wieder durcheinander bringt, kommt bestimmt. Wenn Wettervorhersagen für mehr als zwei Wochen nicht besser sind als der 100-jährige Kalender, müssen wir einsehen, dass für Vorhersagen unser Leben betreffend Ähnliches gilt. Unsere Zukunft lässt sich durch keinen Propheten voraussagen, durch keine Lebensversicherung versichern und durch keine Ordnung wirklich regulieren. Nur den gegenwärtigen Augenblick können wir erleben und gestalten. Erst mit einer guten Portion Chaos entfaltet sich unsere Individualität. Ordnungen können nie unser ganzes Leben bestimmen, sondern sind immer nur als Hilfskonstruktionen in manchen Situationen von praktischer Bedeutung. So werde ich mir auch in Zukunft vornehmen, im nächsten Jahr meine Steuerunterlagen besser zu ordnen. Aber wenn es wieder nicht gelingt, will ich deshalb nicht in Depressionen versinken. Stattdessen werde ich versuchen, die schöpferischen Kräfte des Chaos zu entdecken, und werde mich mit ihnen anfreunden.

Unvernunft

Nichts ist so vernünftig
wie die Desavouierung der
Vernunft.
Blaise Pascal

Der Himmel hat Euch Euren Leib gegeben,
und Ihr wisst nichts Besseres zu tun,
als immer wieder Eure Spitzfindigkeiten
herzuleiern.
Dschuang Dsi

Wer sich die Mühe macht, ein gutes Essen zu kochen, ist beim Abschmecken manchmal enttäuscht. Das mit großem Aufwand zubereitete Gericht will einfach nicht richtig schmecken. Meine Frau fragt mich in dieser Situation dann regelmäßig: »Hast du Salz vergessen?« Und manchmal ist dies tatsächlich die Lösung. Aber andere Male hatte ich auch schon längst zu viel Salz verwendet, oder es fehlte ein ganz anderes Gewürz. Oder das Essen wollte einfach nicht gelingen, weil schon die Zutaten nicht optimal waren.

Ähnlich geht es uns häufig bei zwischenmenschlichen Problemen. Wenn alles nicht so recht klappen will, liegt immer die Frage nahe, ob man das Problem denn nicht ›vernünftig‹ lösen könne. Und wenn über einen politischen Konflikt in den Abendnachrichten berichtet wird, taucht regelmäßig der Kommentator auf, der die Stimme der Vernunft ins Spiel bringt. Aber sind Probleme tatsächlich immer am besten mit Vernunft zu lösen? Haben wir nicht manchmal gerade deshalb Schwierigkeiten, weil schon zu viel davon verwendet wurde, weil ein anderes Gewürz fehlt oder weil einfach schon die Zutaten nicht stimmen?

In der Medizin wurden über Jahrzehnte die aus der Fingerhutpflanze gewonnenen Digitalispräparate zur Stärkung der Herzfunktion sehr häufig verordnet. Aber da diese Medikamente bei Überdosierung äußerst giftig sind, starben viele Patienten an Digitalisvergiftungen. Oft vergifteten sie sich unabsichtlich, indem sie wegen akuter Herzbeschwerden zusätzlich Digitalistabletten einnahmen. »Die Dosis ist das Gift«, lautet eine auf Paracelsus zurückgehende Medizinerregel. Aber auch die Meinungen, welche Medikamente überhaupt zu verordnen seien, wechseln immer wieder. So wird Digitalis heute sehr viel seltener verwendet.

Geht es uns nicht ähnlich mit der Vernunft? Sie ist nicht das einzig denkbare Heilmittel. Und oft verwenden wir sie in der falschen Dosierung.

Der Glaube an die Vernunft

Die Hoffnung, das Zusammenleben der Menschen durch Vernunft besser zu gestalten, ist so alt wie unsere abendländische Kultur. Schon Platon versuchte, der seiner Meinung nach durch die Sophisten begünstigten Relativierung aller Werte seine vernünftige Ideenlehre entgegenzustellen. Und Aristoteles schließlich wurde zum Urvater der bis heute wirksamen Idee, die Welt durch vernünftiges Einordnen sämtlicher Phänomene zu beherrschen. Er propagierte die Herrschaft der Vernunft über die sinnlichen Triebe und sah im Leib lediglich ein Werkzeug der Seele.

Aber schon im 3. Jahrhundert vor Christus bekämpfte die Philosophenschule der pyrrhonischen Skepsis diesen Glauben an die Vernunft und bezweifelte, ob wir durch sie in der Lage sind, die Welt zu verstehen. Die Skeptiker sahen in dem unrealisierbaren Streben nach einer vernünftigen Einsicht in den Lauf der Welt ein Verhängnis und waren der Meinung, dass die Seelenruhe nicht durch vernünftige Urteile, sondern nur durch Urteilsenthaltung zu erreichen sei. Aber die Zweifel der Skeptiker blieben in den folgenden Jahrtausenden immer eine Minderheitenmeinung. Während in asiatischen Traditionen, wie zum Beispiel dem Taoismus, der Wert der Vernunft immer zurückhaltend gesehen wurde, hat sich in unserem Kulturraum der Vernunftglaube mit der Zeit weiter verfestigt.

Die in der Spätantike einflussreichen Stoiker waren, ähnlich wie später Spinoza, der Ansicht, dass das gesamte Weltall vernünftig aufgebaut sei und dass daher nur der vernünftige Mensch in Harmonie mit seiner Umwelt leben kann. Und im Mittelalter behauptete der tonangebende Theologe Thomas von Aquin: »Die Vernunft ist dem Menschen Natur. Was immer also wider die Vernunft ist, das ist wider des Menschen Natur.« Zwar gab es immer wieder auch andere

Stimmen. So bezeichnete am Anfang der Neuzeit Martin Luther die Vernunft als eine »Teufelshure« und stellte die »geoffenbarte Wahrheit« der Bibel an ihre Stelle. Auch Montaigne geißelte im 16. Jahrhundert in seinen Essays die menschliche Anmaßung, mit Hilfe der Vernunft die Wirklichkeit erkennen zu wollen. Trotzdem überwog auch in den folgenden Jahrhunderten eindeutig der philosophische Glaube an das Heil der Vernunft.

Philosophie als Universalmathematik

Von Galilei bis ins 18. Jahrhundert waren fast alle bedeutenden Philosophen auch Mathematiker und haben entsprechend mathematische, also vernünftige Denkmodelle in ihrer Philosophie entwickelt. Spinoza bemühte sich, menschliche Triebe und Leidenschaften mit kühler mathematischer Sachlichkeit zu betrachten und zu analysieren, und versuchte »über menschliche Wesen zu schreiben, als würde ich mich mit Linsen, Flächen und festen Körpern befassen«. Er hoffte, die der Vernunft entgegenstehende Leidenschaft dadurch zu überwinden, dass die Vernunft selbst zur Leidenschaft werde. Der Philosoph und Mathematiker Gottfried Wilhelm Leibnitz, der im Übrigen der Ansicht war, dass wir in der »besten aller möglichen Welten« leben, ging sogar so weit, dass er hoffte, Denken durch Rechnen zu ersetzen. Er schrieb, dass man dahin kommen könne, »die Lehren, die im praktischen Leben zumeist gebraucht werden, das heißt die Sätze der Moral und der Metaphysik, nach einem unfehlbaren Rechenverfahren zu beherrschen«. Auch René Descartes, der häufig als der Begründer der modernen Philosophie angesehen wird, versuchte die Philosophie zu einer Art Universalmathematik zu machen. Dabei ging er zunächst von der Basis ›Ich denke, also bin ich‹ aus. Auf diesem so bescheiden anmutenden Axiom baute er mit logischen Schlüssen sein philosophisches System auf. Man stelle sich aber einmal den Fortgang der Geschichte vor, wenn Descartes und seine Nachfolger, stattdessen von einem ›Ich fühle, also bin ich‹ ausgehend, ihre Philosophie nicht auf rationales Denken, sondern auf subjektive Gefühle gegründet hätten.

Natürlich ließen sich auf diese Weise keine gewaltigen allgemeinverbindlichen philosophischen Systeme errichten, die den Anspruch erheben könnten, die ganze Welt zu erklären. Selbstverständlich möchte ich auch nicht behaupten, dass Fühlen immer ›besser‹ als Denken sei. Auch Gefühle führen uns häufig ins Unglück und in die Irre. Doch Gefühle sind subjektiv und lassen sich deshalb nicht wie vernünftige Gedanken verallgemeinern. Eine weniger systematische, dafür mehr auf das Subjektive aufbauende Philosophie kann daher, wenn sie die eigene Subjektivität nicht verabsolutiert, der Toleranz näher stehen.

Die Emanzipation des Gefühls

Den Weg, Gefühle gegenüber der Vernunft als gleichrangig anzuerkennen, ging im 17. Jahrhundert vor allem Blaise Pascal. Obwohl auch er ein genialer Mathematiker war, erkannte er, dass sich die tiefsten Bedürfnisse des Menschen durch rationales und mathematisches Denken nicht befriedigen und die wesentlichsten menschlichen Grundfragen nicht auf diese Weise beantworten lassen. »Das Herz hat seine Gründe, von denen die Vernunft nichts weiß.« So kehrte er konsequent zu einem für manche naiv und mittelalterlich anmutenden religiösen Glauben zurück.

Unter dem Eindruck des skeptischen englischen Philosophen David Hume schrieb Immanuel Kant am Ende des 18. Jahrhunderts sein Hauptwerk »Die Kritik der reinen Vernunft«, in dem er die Illusion, dass die Wirklichkeit mit Mitteln der Vernunft erkennbar sei, konsequent zerstörte. Der Rückzug in die Religiosität eines Pascal war ihm allerdings nicht mehr möglich. Und da Kant sich mit Gefühlen eher schwer tat, griff er bei den praktischen Konsequenzen seiner Moralethik trotzdem wieder auf das strenge Prinzip der Vernunft zurück.

Zwar bemerkte schon Gottfried Herder: »Jeder vernünftelt doch nur nach seiner eigenen Empfindung.« Aber erst in der Romantik bei Kierkegaard, Schopenhauer und Nietzsche emanzipiert sich das fühlende Subjekt konsequent gegenüber der Tyrannei einer sich objektiv gebenden Vernunft. Und Max Weber endlich spricht am Anfang des 20. Jahrhunderts davon, dass man »das Leben unter höchst verschiedenen letzten Gesichtspunkten und nach sehr verschiedenen Richtungen hin ›rationalisieren‹ kann«. Damit ist der Wert der Vernunft als ein Allheilmittel endgültig in Frage gestellt.

Vernunft ist immer Sache des Standpunkts

In der Tat, der Mensch, der das Rauchen bleiben lässt, da er sich ein möglichst langes Leben zum Ziel gesetzt hat, handelt vernünftig. Nicht weniger vernünftig handelt jedoch der vereinsamte Alte, der weiterraucht, da ihm das Leben ›kein anderes Vergnügen‹ mehr bietet. So mag es auch vernünftig erscheinen, noch ein Jahr länger zu arbeiten, um dann eine 500 Euro höhere Rente zu bekommen. Auf dem Hintergrund einer Erkrankung, die nur noch eine Lebenserwartung von einem Jahr bietet, wirkt eine derartige Entscheidung jedoch eher absurd.

Vernunft ist immer eine Sache des Standpunkts. Der Folterer, der seinem Opfer empfiehlt, endlich so vernünftig zu sein, die gewünschte Aussage zu machen, handelt unter Umständen nicht weniger vernünftig als der Gefolterte, der seine Gründe hat, diese Aussage zu verweigern. Ein Aktionär, der eine Aktie kauft, weil der Vorstand einer Firma ein Sanierungsprogramm mit Entlassungen ankündigt, handelt genauso vernünftig wie der Gewerkschaftler, der einen Streik gegen diese Entlassungen organisiert und die Öffentlichkeit zur Rettung der Arbeitsplätze mobilisiert. Die Vernunft, die für viele eine Aura der Objektivität hat, ist in Wirklichkeit sehr subjektiv. Und oft ist der *Schein* von Objektivität, der die subjektiven Interessen zu verbergen hat, der Hauptzweck, wenn mit viel Pathos die Vernunft ins Spiel gebracht wird. Wenn wir einem Kind ungeduldig sagen, dass es doch ›endlich vernünftig‹ sein soll, so verhüllt dies nur dürftig die Tatsache, dass dies eigentlich ›Mach doch endlich, was ich will‹ zu bedeuten hat. Die Gebote der Vernunft sind beim genaueren Hinsehen inhaltsleer und werden von den Stärkeren häufig einfach gesetzt und diktiert.

Die Vernunft macht keinen Sinn

Wer sich ein bestimmtes Ziel im Leben gesteckt hat, kann mit Hilfe der Vernunft versuchen, dieses zu erreichen. Die Vernunft selbst kann jedoch keine Ziele setzen. Vernunft ist uns zwar sicher in vieler Hinsicht nützlich. Man kann damit die Produktion rationalisieren und dadurch mehr Autos und Computer bauen. Aber wenn es um die wirklich wichtigen Fragen unseres Lebens geht, lässt sie uns mit ihrem Rat im Stich. Man kann mit der Vernunft ›rechnen‹, aber die Grundlagen des Rechnens, die Zahlen, die Axiome und Ziele müssen wir setzen, bevor wir überhaupt mit dem Rechnen anfangen. Auch Erfahrungen, die wir mit unseren Sinnen machen, sind nicht ›vernünftig‹. Hunger, Durst, Liebe treiben uns vorwärts, während uns die Vernunft keine Richtung fürs Leben geben kann. Es ist genauso vernünftig zu sterben, als weiterleben zu wollen. Die Vernunft kann uns nicht bei der Entscheidung helfen, ob wir homosexuell, heterosexuell oder asexuell leben wollen. Es gibt vernünftige Gründe, zu heiraten oder es bleiben zu lassen. Vernunft kann uns in diesen Fragen offensichtlich nicht weiterhelfen. Bekommt irgendjemand Kinder, aus dem vernünftigen Grund, dadurch zur Sicherstellung der Renten beitragen zu wollen? Wenn ja, können einem die Kinder Leid tun. Der Verstand ist nur eines von vielen Mitteln, um uns mit der Welt auseinander zu setzen. Das Auge, das Ohr, das Gefühl, der Geruch (ich kann den nicht riechen) und der Instinkt sind für Entscheidungen, was wir wo und wann tun, viel wichtiger. Die Vernunft mag vielleicht dagegen sprechen, sich auf einen drogenabhängigen Menschen als Partner einzulassen, da die Möglichkeit eines katastrophalen Rückfalls nicht vernünftig zu widerlegen ist. Trotzdem kann es auf anderer Ebene viele Gründe geben, es trotzdem zu tun.

Die Flügel der Phantasie

Während die Vernunft uns nur einen logischen Schritt nach dem anderen tun lässt, hilft uns die Intuition dazu, große Sprünge zu machen und quasi zu fliegen. In kurzer Zeit können wir eine Vielzahl von verschiedenartigen Sinneseindrücken wahrnehmen und aufgrund der bisher gemachten Erfahrungen zu einem Gesamtbild verarbeiten und wohl fundierte Entscheidungen treffen, die der Vernunft in mancher Hinsicht widersprechen. Was häufig als unvernünftig diskriminiert wird, beruht unter Umständen auf viel mehr Informationen und Abwägungen, als wir mit der Vernunft je leisten könnten. Das Fixiertsein auf die Vernunft kann uns daran hindern, wichtige Erfahrungen auf unendlich vielen Ebenen zu machen, die durch die Intuition zu einem stimmigen Gesamtbild zusammengefügt werden können. Leonardo da Vinci bemerkt zu Recht: »Mir scheint, dass alles Wissen eitel und voller Irrtümer ist, das nicht von der Sinneserfahrung, der Mutter aller Gewissheit, zur Welt gebracht wird.« Selbst der wissenschaftliche Fortschritt, der ja häufig vor allem der Vernunft angerechnet wird, kommt durch die ›unlogischen‹ Sprünge der Intuition voran. So beschreibt der Philosoph Paul Feyerabend in seinem Buch »Wider den Methodenzwang«, dass sich Galilei zunächst durchaus nicht aus Vernunftgründen, sondern der Intuition folgend für das kopernikanische Weltbild entschieden hat. Die vernünftigen und schlüssigen Beweise kamen erst später. Jede neue

Hypothese entspringt eher der Intuition als der Vernunft. Die Vernunft ist phantasielos! Erst die Phantasie verschafft uns Flügel.

Nach-denken

Wir entscheiden uns fast nie *vernünftig*. Eher haben wir die Tendenz, einmal aus gefühlsmäßigen oder sonstigen Gründen getroffene Entscheidungen im Nachhinein vernunftmäßig zu begründen, das heißt, sie zu rationalisieren. Häufig denken wir nach, im wahrsten Sinne des Wortes, das heißt, wir denken erst nachher, wenn wir unsere gefühlsmäßigen Entscheidungen schon getroffen haben. Die Autohersteller wissen zum Beispiel sehr genau, dass der Autokauf vor allem eine emotionale Entscheidung ist. Dementsprechend appelliert die Werbung nicht an Vernunftgründe, sondern versucht Emotionen zu wecken. Jedes Auto wird daher mit einem Image versehen, das dem potenziellen Käufer als Mittel zur Unterstreichung seines angestrebten Selbstwertgefühls nahe gebracht wird. Das Auto soll uns je nach Typ das Gefühl vermitteln, sportlich, sexy, elegant, solide, originell, dynamisch, großzügig, schön oder wohlhabend zu sein. Natürlich gibt es auch Autohersteller, die uns das Gefühl suggerieren wollen, mit der Entscheidung für ihr Produkt eine *vernünftige* Entscheidung zu treffen. Das Gefühl, vernünftig zu sein, muss aber mit Vernunft noch lange nichts zu tun haben. Im Gegenteil, es wäre ein Fiasko für die Autoverkäufer, wenn tatsächlich die Mehrzahl der Käufer ihr Auto unter dem vernünftigen Gesichtspunkt kaufen würden, möglichst billig und sicher von A nach B fahren zu können. Selbst ein Kopfschmerzmittel wird in der Fernsehwerbung mit dem Slogan angepriesen: »Es gibt ein Mittel, das einem das Gefühl gibt, vernünftig gehandelt zu haben.« Der moderne Mensch liebt es, die Vernunft wie eine Monstranz vor sich herzutragen und damit seine Entscheidungen zu rechtfertigen. Mit den eigentlichen Motiven, die uns dazu bringen, uns so oder so zu entscheiden, hat dies jedoch meist wenig zu tun. Im Gegenteil, diese Motive werden durch die im Nachhinein zurechtgelegten Vernunftgründe häufig eher verdunkelt.

Die Hölle auf Erden

Politische Utopien beriefen sich zu allen Zeiten auf die Vernunft. Aber gerade im staatlichen Bereich wird deutlich, wie die Herrschaft der Vernunft für das Große und Ganze die Lebensmöglichkeiten des Einzelnen einschränkt. So sieht schon Platons Staatslehre die absolute Unterordnung der Interessen des Einzelnen unter die Interessen des Staates vor. Selbst die Ehe ist dem platonischen Staatsideal im Weg und wird einer staatlich reglementierten Zuordnung von Sexualpartnern mit dem Ziel der Zeugung von optimalen Nachkommen geopfert. Konsequenterweise schlägt Platon deshalb auch vor, dass Kinder aus unerwünschten Verbindungen zwangsweise abgetrieben oder getötet werden sollen. Bertrand Russell hat daher die Staatslehre Platons nicht ganz zu Unrecht als faschistisch bezeichnet. Auch die aus der Renaissance stammenden Staatsutopien *Utopia* von Thomas Morus und Campanellas *Sonnenstaat* weisen ähnlich totalitäre Züge auf. Erst recht machen der Verlauf der Französischen Revolution von 1789 und der russischen Oktoberrevolution deutlich, wie sehr eine im Ganzen vernünftig erdachte politische Utopie gefährdet ist, in Terror für die Individuen zu enden. Auch heutzutage drohen die vernünftigen Ideen des Freihandels und der freien Marktwirtschaft zu einer Horrorvision für die Menschen zu werden. »Der Versuch, den Himmel auf Erden einzurichten, produziert stets die Hölle.«

In der Auseinandersetzung der euro-amerikanischen Kultur mit den in den letzten Jahrhunderten unterdrückten Kulturen anderer Völker wird von westlicher Seite zwar immer wieder betont, dass unsere Kultur die Segnungen der Vernunft mit sich bringen würde. Diese Heiligsprechung der Vernunft ist jedoch lediglich eine westliches Märchen, das die praktizierte Intoleranz gegenüber anderen Kulturen verschleiert. Sie negiert die Tatsache, dass sich die westliche Kultur an vielen Orten der Welt nicht wegen der angeblich so überlegenen Vernunft, sondern vor allem mit nackter Gewalt durchgesetzt hat.

Das Leben ist unvernünftig

Das Chaos unserer äußeren und inneren Welt wird von vielen Menschen als eine furchtbare Bedrohung erlebt. Sie sehen die Wirklichkeit als ein gefährliches Meer, in dem sie beständig zu ertrinken drohen. Die Vernunft wird dann häufig als eine dünne Eisschicht phantasiert, die uns gerade noch trägt, aber ständig einzubrechen droht. Oft wird auch von dem schmalen Grat der Vernunft gesprochen, auf dem wir gehen können, ständig in Gefahr, in die Abgründe der Seele abzustürzen. Oder es taucht das Bild des Lebens als das eines brodelnden Vulkans auf, der jederzeit wieder ausbrechen kann und nur von einer Schicht erkalteter Lava, der Vernunft, bedeckt ist. Vernunft erscheint immer wieder als einzige Rettung gegenüber dem Fließen und den unendlichen Unwägbarkeiten aller übrigen Aspekte des Lebens und der Welt. Wenn keine göttliche und staatliche Ordnung mehr den Zusammenhalt der Welt garantiert, wird die Vernunft als letzte Hoffnung gesehen, den Ausbruch der gefürchteten Anarchie zu verhindern. Aber diese Hoffnung trügt.

Denn das Leben ist unvernünftig. Und alle Appelle zu Gunsten der Vernunft werden daran nichts ändern. »Zu den Dingen, welche einen Denker in Verzweiflung bringen könnten, gehört die Erkenntnis, dass das Unlogische für den Menschen nötig ist und dass aus dem Unlogischen viel Gutes entsteht. Es steckt so fest in den Leidenschaften, in der Sprache, in der Kunst, in der Religion und überhaupt in allem, was dem Leben Wert verleiht, dass man es nicht herausziehen kann.«

Die Vernunft der Unvernunft öffnen

Freilich habe ich nicht die Absicht, Vernunft pauschal abzulehnen, sondern ich möchte vor allem vor ihrer Überbewertung warnen. Diese in der abendländischen Tradition übliche Überbewertung der Vernunft entpuppt sich immer mehr als eine Sackgasse und hindert uns, die Dinge so wahrzunehmen, wie wir sie mit all unseren Sinnen empfinden können. In den asiatischen Kulturen des Taoismus, Buddhismus und selbst des Konfuzianismus ist die subjektive Erfahrung der Vernunft zumindest gleichberechtigt. Aus dieser Sicht erscheint die Betonung der Vernunft im europäischen Bereich mit Recht als unpersönlich und unmenschlich. Und in der Tat, eine Hierarchisierung, die die Vernunft über andere Impulse stellt, ist unsinnig. Der künstliche Gegensatz zwischen Vernunft und Unvernunft hilft uns im Leben nicht weiter. Statt gegeneinander können wir sie nebeneinander stellen. Wenn sich die Vernunft der Unvernunft öffnet, haben die vielfältigsten Impulse und Realitäten in unserem Leben nebeneinander ihren Platz.

Die bunte Vielfalt der Unvernunft

Auch die Vorstellung, dass die Vernunft moralisch über der Unvernunft steht, ist durch viele Gräueltaten, die im Namen der als Herrschaftsinstrument missbrauchten Vernunft angerichtet wurden, diskreditiert. Die Alternative zwischen vernünftigem oder unvernünftigem Handeln ist überhaupt nicht sinnvoll in moralische Kategorien zu fassen. Die Impulse der Unvernunft stammen aus vielen Quellen, die ihre Berechtigung haben. Vernünftige Überlegungen können diese Impulse ergänzen, aber niemals verdrängen. Das Leben ist eine Rechnung mit so vielen Unbekannten, dass wir es nicht allein mit der Vernunft bewältigen können. Unvernunft bezeichnet nicht, wie häufig unterstellt wird, ein fehlendes Denkvermögen, sondern verschafft uns Zugang zu einem vielfältigen Erfahrungsschatz, der im europäischen Kulturraum meist unterschätzt und oft vergessen wird. Die Folgerichtigkeit und Stimmigkeit von Entscheidungen lässt sich nicht rein vernünftig beurteilen. Statt die Abwertung der Unvernunft zu akzeptieren, können wir täglich erfahren, wie unvernünftige Impulse das Leben reichhaltiger und schöner machen.

Unwahrheit

Jeder Einzelne hat die Verantwortung,
seine für ihn gültige Wahrheit zu finden.
Fritz Lang

Was ist Wahrheit? Die Beantwortung dieser uralten Frage ist noch niemandem leicht gefallen. Vom Gegenteil, der Unwahrheit, scheinen wir eine genauere Vorstellung zu haben. Es gehört sich nicht, die Unwahrheit zu sagen. Wer sich als Lügner bezeichnen lassen muss, droht das Ansehen seiner Mitmenschen zu verlieren.

Und wer die angeblichen Wahrheiten seiner Umwelt aus ehrlicher Überzeugung leugnet, wird erst recht disqualifiziert. Ein Stuhl ist ein Stuhl. Wer daran zweifelt, läuft Gefahr, als verrückt angesehen zu werden, denn ›Realitätsverkennung‹ gilt als Merkmal psychotischer Erkrankungen. Und in der Tat haben wir meist das Gefühl, gut damit zu fahren, den Stuhl als solchen anzusehen und, um ein anderes Beispiel zu nehmen, einen allgemein als Brotscheibe erkannten Gegenstand auch dementsprechend zu verwenden, das heißt, ihn zu essen. Viele Dinge im Leben kommen uns so klar vor, dass es sich auf den ersten Blick gar nicht lohnt, darüber nachzudenken.

Aber bei näherem Hinsehen verflüchtigen sich manche Gewissheiten. Spätestens, wenn wir es mit menschlichen Beziehungen und Problemen zu tun haben, wird die Angelegenheit komplizierter. Immer wenn subjektive Einschätzungen, Wertungen und Gefühle eine Rolle spielen, fällt es uns schon nicht mehr so leicht, Aussagen über die Wahrheit zu machen. Wenn zwei Leute von einer Veranstaltung berichten, bekommt man manchmal von beiden Seiten so unterschiedliche Darstellungen, dass man sich fragt, ob beide zur selben Zeit am selben Ort waren. Nicht dass einer der Berichte besonders unglaubwürdig sein muss. Im Gegenteil, wer zwei streitende Menschen, etwa ein Ehepaar, beobachtet, wird häufig frappiert sein, wie sehr jeweils zutreffend erscheint, was beide Partner sich gegenseitig vorwerfen. Jeder der Streitenden hat seine, meist durchaus plausible ›Wahrheit‹. Und wenn wir uns als Beobachter unseren Reim auf derartige Situationen machen, fügen wir diesen zwei verschiedenen Wahrheiten regelmäßig eine dritte hinzu. Bei menschlichen Beziehungskonflikten vermehrt sich die Zahl der Wahrheiten mit der Zahl der Beteiligten.

Wahrheit als menschliche Vorstellung

Je komplizierter die Beziehungsgeflechte werden, desto mehr nähern wir uns dem Sokrates zugeschriebenen Satz ›Ich weiß, dass ich nichts weiß‹. Es regen sich Zweifel an der Möglichkeit absoluter Wahrheitserkenntnis, ähnlich denen, die der chinesische Philosoph Dschuang Dsi schon lange vor unserer Zeitrechnung in einem kurzen Dialog beschrieben hat:

- *Wisst Ihr etwas, wovon alle übereinstimmend sagen: Es ist dies?*
- *Wie könnte ich das wissen?*
- *Wisst Ihr, was Ihr nicht wisst?*
- *Wie könnte ich das wissen?*
- *Nun, da gibt es also gar kein Wissen?*
- *Wie könnte ich das wissen?*

Seit über 2000 Jahren versuchen die abendländischen Philosophen allgemein gültige Wahrheiten zu finden, und rennen gegen die Mauer des Nichtwissens an, die uns umgibt. Und in den letzten Jahrhunderten scheint sich die Skepsis des Sokrates zu bestätigen. Wir können die Wirklichkeit, ›das Ding an sich‹, wie es Kant ausgedrückt hat, nicht erkennen. Auch wenn wir bei banalen Sachverhalten das Gefühl haben, uns einer Sache sicher zu sein, sind sich philosophische Erkenntnistheoretiker und moderne Naturwissenschaftler einig, dass selbst das, was wir im Alltag als Wahrheit zu erkennen glauben, eigentlich nur eine Illusion ist. Die menschlichen Sinnesorgane sind nicht in der Lage, die Welt wirklich zu erfassen, sondern was wir als Wirklichkeit empfinden, entsteht erst in unseren Köpfen. Erst recht gilt dies für alles, was mit Beziehungen und Gefühlen zu tun hat. Was uns bewegt, bewegt sich selbst auch, und wir bekommen es nie richtig zu fassen. »Die Wahrheiten, die wir finden, sind nicht von letzter Wichtigkeit, und die Wahrheiten, die von letzter Wichtigkeit sind, finden wir nicht.«

Wahr-scheinlichkeit

Immer, wenn es darauf ankommt, können wir nicht auf Wahrheiten bauen, sondern sind umgeben von Wahrscheinlichkeit, einem Schein, der sich häufig in nichts auflöst, wenn wir ihn greifen wollen. Wenn wir genauer hinsehen, stellen wir fest, dass die Welt, der wir uns sicher zu sein glaubten, nur eine Menge von Irrtümern und Phantasien ist. Zwar wird auf den verschiedensten Gebieten immer wieder behauptet, dass man die Wahrheit nun endlich gefunden habe. Dann wird ein gänzlich neues Weltbild verkündet, womöglich eine kopernikanische Wende gegenüber allen bisher gültigen Vorstellungen. Aber meist stellt sich heraus, dass dieses neue Weltbild eben auch nur ein Bild ist, das bald wieder gegen ein anderes ausgetauscht wird. Trotzdem halten die meisten Menschen an einer einmal festgelegten Wahrheit mit einer häufig moralisch gefärbten Verbissenheit fest. Vermeintliche Wahrheitsbesitzer bekämpfen sich nicht nur im Mittelalter mit Kreuzzügen bis aufs Messer. Der Glaube, die Wahrheit zu besitzen, ist auch noch in unserer Zeit die Mutter der Intoleranz.

Eine spezielle Art von Wahrheitsbesitzern ist unter empirischen Sozialwissenschaftlern anzutreffen, die unter der Fahne objektiver Wissenschaft riesige Mengen von Datenmaterial anhäufen. Dabei dient der ganze Aufwand häufig nur der Arbeitsbeschaffung und der Rechtfertigung vorhandener Vorurteile. Der Skeptiker dagegen, der Wahrheiten in Zweifel zieht, wird häufig als Bedrohung der Ordnung wahrgenommen. Ihm wird unterstellt, er mache etwas kaputt, auch wenn sich dieses Etwas längst in Luft aufgelöst hat. Er ist der Überbringer der schlechten Botschaft, dem die Schuld für das Schlechte in die Schuhe geschoben wird. Er wird als Nihilist beschimpft und der Miesepeterei beschuldigt. Skepsis wird mit Pessimismus gleichgesetzt. Dabei hat wohlverstandene Skepsis eher etwas mit Offenheit für verschiedene Sichtweisen zu tun, die eine Gelassenheit gegenüber sich widersprechenden Realitäten ermöglicht. Vor allem aber ist eine skeptische Haltung, die akzeptiert, dass es nicht nur eine Wahrheit gibt, das einzig sichere Fundament der Toleranz.

Die konstruierte Wahrheit

Jeder Mensch hat seine eigenen Wahrheiten. Aber was spricht dagegen, die eigene Frau für die Schönste der Welt zu halten. Wenn diese subjektive Wahrheit sich allgemein durchsetzen würde, wären wir der ›besten aller Welten‹ erheblich näher. Sicherlich, die Welt des Glücklichen ist eine andere als die Welt des Unglücklichen, doch ist jede dieser Welten genauso real wie die andere. Die verschiedenen Welten jedes Einzelnen stehen, wenn auch nicht beziehungslos, so doch unvergleichbar, nebeneinander. Das Leid eines KZ-Insassen lässt sich nicht mit dem einer von ihrem Mann gequälten Frau vergleichen, obwohl es in beiden Fällen subjektiv unendlich sein kann.

Dabei ist die angeblich objektive Wahrheit im wahrsten Sinne des Wortes *unwesentlich* im Vergleich zu unserem subjektiven Empfinden. Was wir wahr *nehmen* ist viel wichtiger, als das, was angeblich wahr *ist*. Die Freude über ein Kind kann bewirken, dass eine Frau bei der Geburt keine Schmerzen wahrnimmt, umgekehrt kann der Schock eines Unfalls dazu führen, dass auch eine scheinbar geringfügige Verletzung wochenlang Schmerzen bereitet. Wer seine Frau liebt, ohne zu wissen, dass sie ihn regelmäßig betrügt, wird damit glücklicher sein, als der, der glaubt, seine Frau betrüge ihn regelmäßig, obwohl sie es niemals tut. Und wer in seinem Garten Tomaten pflanzt, kann sehr gut mit der Vorstellung leben, dass die Erde eine Scheibe ist. Er muss sich nicht unbedingt für den Konflikt zwischen Galilei und der Inquisition interessieren, denn seine erfahrbare Wirklichkeit wird durch das eine oder andere Weltmodell nicht wesentlich verändert.

»Die Kraft der Erkenntnis liegt nicht in ihrem Grade von Wahrheit, sondern in ihrem Alter, ihrer Einverleibtheit, ihrem Charakter als Lebensbedingung.« Erst mit der von Nietzsche so genannten *Einverleibung* von Erkenntnis gewinnen wir die Bausteine, mit denen jeder Mensch sein eigenes Haus der Wahrheit konstruiert. Die Vorstellung einer von jedem selbst konstruierten Wahrheit macht die Suche nach einer allgemein verbindlichen und objektiven Wahrheit überflüssig, so sieht dies jedenfalls die Denkschule des radikalen Konstruktivismus, deren in Deutschland bekanntester Vertreter Paul Watzlawick ist. Die Ideen des radikalen Konstruktivismus sind nicht, wie der Name vielleicht vermuten lässt, abstrakte Gedankenspielereien, sondern finden erfolgreiche Anwendung in moderner Familientherapie und Kommunikationsberatung. Gerade der Respekt vor den jeweils individuellen Wahrheitskonstruktionen und der Verzicht auf ein feststehendes Menschenbild ermöglichen ein besseres Verständnis von Kommunikationsprozessen.

Sprachspiele

Aber wie ist eine sinnvolle Verständigung und ein Einfühlen in die Welt des anderen überhaupt möglich, wenn jeder Mensch in seinem eigenen subjektiven Wahrheitsgebäude lebt? Wie lange über diese Frage schon nachgedacht wird, belegt folgende Geschichte von Dschuang Dsi:

Dschuang Dsi ging einst mit Hui Dsi spazieren
am Ufer eines Flusses.

Dschuang Dsi sprach: »Wie lustig die Forellen aus dem Wasser herausspringen! Das ist die Freude der Fische.«

Hui Dsi sprach: »Ihr seid kein Fisch, wie wollt Ihr denn die Freude der Fische kennen?«

Dschuang Dsi sprach: »Ihr seid nicht ich, wie könnt Ihr da wissen, dass ich die Freude der Fische nicht kenne?«

Hui Dsi sprach: »Ich bin nicht Ihr, so kann ich Euch allerdings nicht erkennen. Nun seid Ihr aber sicher kein Fisch, und so ist es klar, dass Ihr nicht die Freude der Fische kennt.«

Dschuang Dsi sprach: »Bitte lasst uns zum Ausgangspunkt zurückkehren! Ihr habt gesagt: Wie könnt Ihr denn die Freude der Fische kennen? Dabei wusstet Ihr ganz gut, dass ich sie kenne, und fragtet mich dennoch. Ich erkenne die Freude der Fische aus meiner Freude beim Wandern am Fluss.«

Ständig versuchen wir unsere Wirklichkeit anderen mitzuteilen und gleichzeitig die Wirklichkeit der anderen zu verstehen, sie gar zu durchschauen oder uns in diese fremde Welt einzufühlen. Manchmal sind wir beglückt, wenn wir für kurze Zeit glauben, dass uns dies gelungen ist. Oft sind wir frustriert, wenn wir feststellen müssen, dass es wieder mal nicht möglich war, sich das Universum des andern zu eröffnen. Nicht selten scheint das Schauspiel tragische Züge anzunehmen: Wir fühlen uns als der einsame Mensch auf einer einsamen Insel, oder vielleicht noch schlimmer, allein und unverstanden mitten im Gewimmel der Großstadt. Aber wir können vom Spiel der Kommunikation nicht lassen, auch wenn wir es nie gewinnen können. Und wenn wir nicht zu hohe Erwartungen haben, muss es auch nicht immer als Drama gegeben werden, sondern es kann die Züge eines Spiels, ja eines Lustspiels annehmen. So prägte Ludwig Wittgenstein den Begriff des *Sprachspiels*. Zwei Menschen, die dasselbe Wort benutzen, werden nie genau dasselbe damit meinen. Aber immerhin können wir hoffen, dass es eine gemeinsame Schnittmenge in diesem Sprachspiel gibt. Wenn ein Mann von Liebe redet, so wird die Frau sicher nicht genau das Gleiche darunter verstehen. Das kann manchmal für alle Beteiligten schrecklich sein. Trotzdem kommt es immer wieder vor, dass zwei Menschen das Gefühl haben, in diesem Spiel für Augenblicke einen gemeinsamen Nenner gefunden zu haben.

Widersprüche

Wenn der gemeinsame Nenner ausbleibt, tun wir uns allerdings oft schwer, Dinge nebeneinander stehen zu lassen, die sich scheinbar widersprechen. Wir können es kaum glauben, wenn berichtet wird, dass ein tyrannischer Chef ein liebevoller Ehemann sein soll oder eine Giftmörderin eine fürsorgliche Mutter war. Wenn Menschen widersprüchlich erscheinen, behelfen wir uns gerne mit der Konstruktion, dass die eine Seite eben nur eine Fassade sei, die andere aber den *eigentlichen* Menschen zeige. Bei Ehescheidungen werfen sich Paare, die sich jahrelang geliebt haben, vor, dass der andere nun plötzlich sein *wahres* Gesicht zeige. Immer wenn wir uns für eine Wahrheit entscheiden, neigen wir dazu, andere Dinge als unwahr und falsch anzusehen. Aber selbst die moderne Naturwissenschaft zeigt sich in dieser Hinsicht toleranter. Bis heute können die Physiker nicht feststellen, ob das Licht die Natur einer Welle hat oder aus kleinen Teilchen besteht. Beide Vorstellungen erklären einige Phänomene des Lichts und führen bei anderen Phänomenen jeweils zu Widersprüchen. Dieser so genannte Welle-Teilchen-

Dualismus ist allgemein akzeptiert. Zwei widersprüchliche Modelle der Wirklichkeit existieren nebeneinander, von denen keines mehr Wahrheit als das andere beanspruchen kann.

Pablo Picasso hat einmal ausgedrückt, wie die Erkenntnis einer Vielfalt von nebeneinander existierenden Wahrheiten sogar schöpferisch inspirierend wirkt: ›Gäbe es immer nur eine Wahrheit, könnte man von einem Thema keine hundert Bilder machen.‹

Lüge

Bewusste Verletzungen der Wahrheit erscheinen uns allerdings meist nur als Notlügen akzeptabel. So wurde unter Medizinern immer wieder diskutiert, ob man todkranken Patienten die Wahrheit mitteilen soll. Über viele Jahre war es üblich, Patienten derartige Diagnosen zu verschweigen. Wenn Schwerkranke innerlich nicht bereit sind, die Wahrheit zu akzeptieren, kann die Unwahrheit gnädig sein. Doch wird dieses Verschweigen von Diagnosen mit

Recht auch kritisiert, denn dem Betroffenen wird dadurch die Möglichkeit genommen, sich mit seinem Schicksal bewusst auseinander zu setzen. Häufig vereinsamen Patienten, wenn sie insgeheim sehr wohl Bescheid wissen, aber durch die stille Verabredung der Verschwiegenheit mit niemandem darüber sprechen können. Mittlerweile hat sich eher eine Praxis durchgesetzt, Patienten offen über ihre Prognose aufzuklären. Dieses Vorgehen ist für viele Menschen sicher richtig, für andere aber äußerst grausam und schmerzhaft. Haben Ärzte das Recht, Patienten derartige Schmerzen zuzufügen? Zum Glück verfügen Schwerkranke oft über die Fähigkeit, derartige Mitteilungen souverän zu ignorieren.

Wie viel Wahrheit braucht der Mensch? Es gibt keine allgemeine Antwort auf diese Frage. Die Wahrheit kann unmenschlicher sein als die Lüge. Wenn Kant das aus dem kategorischen Imperativ hergeleitete Gebot, nicht zu lügen, auch dann noch verteidigt, wenn die Lüge dazu dient, einen potenziellen Mörder von seinem Opfer abzuhalten, empfinde ich ihn in dieser Hinsicht als weltfremd. Da gefällt mir besser, wenn

Nietzsche schreibt: »Nein, dieser schlechte Geschmack, dieser Wille zur Wahrheit, zur ›Wahrheit um jeden Preis‹, dieser Jünglings-Wahnsinn in der Liebe zur Wahrheit – ist uns verleidet: dazu sind wir zu erfahren, zu ernst, zu lustig, zu gebrannt, zu tief ... Wir glauben nicht mehr daran, dass Wahrheit noch Wahrheit bleibt, wenn man ihr die Schleier abzieht.« Oft mag es zwar einfacher erscheinen, das zu sagen, was wir für die Wahrheit halten. Aber es gibt gute Gründe, dieses Gebot immer wieder zu relativieren. Auch die Wahrheit ist keine absolute Tugend, und deshalb lohnt sich die Frage, wem sie in einer bestimmten Situation nützt oder schadet. Wilhelm Busch führt uns die unerwünschten Nebenwirkungen einer uneingeschränkten Wahrheitsliebe in einem Gedicht treffend vor Augen:

Wer möchte diesen Erdenball
Noch fernerhin betreten,
Wenn wir Bewohner überall
Die Wahrheit sagen täten.

Ihr hießet uns, wir hießen euch
Spitzbuben und Halunken,

Wir sagten uns fatales Zeug
Noch eh wir uns betrunken.

…

Da lob ich mir die Höflichkeit,
Das zierliche Betrügen.
Du weißt Bescheid, ich weiß Bescheid;
Und allen macht's Vergnügen.

Die bewegte Wahrheit

Es scheint so, als würden wir die Wahrheit häufig dadurch verfehlen, dass wir sie fest-stellen wollen. Vielleicht ist gerade der Versuch, eine ewige, unverrückbare Wahrheit zu finden, ein Hindernis, ihr näher zu kommen. »Die Wahrheit ist ein Meer von Grashalmen, das sich im Winde wiegt; sie will als Bewegung gefühlt, als Atem eingezogen sein. Ein Fels ist sie nur für den, der sie nicht fühlt und atmet; der soll den Kopf an ihr blutig schlagen.« Die Wahrheit ist nichts Fest-stellbares, sondern verändert sich ständig. Mehr noch, wir verändern die Wahrheit dadurch, dass wir sie beobachten und feststellen. Bemerkenswert, wie dieser Gedanke, der in der modernen Physik in der heisenbergschen Unschärferelation auftaucht, ähnlich schon in asiatischen Weisheitslehren, insbesondere dem Taoismus, zu finden ist. Über die Konvergenz von moderner Naturwissenschaft und Taoismus hat Fritjof Capra übrigens das faszinierende Buch »Das Tao der Physik« geschrieben. Er belegt, wie in vollkommen verschiedenen Zeitaltern verschiedene Denker von gänzlich unterschiedlichen Ausgangspunkten trotzdem zu ähnlichen Einsichten kommen. Auch schon in dem Kapitel Unpünktlichkeit hatten wir ja gesehen, wie sich durch die Relativitätstheorie in der Wissenschaft eine feststehende Zeitvorstellung auflöst und wir dadurch einem subjektiven Zeitempfinden näher kommen. Obwohl die Erkenntnis, dass alles im Fluss ist, schon bei Heraklit auftaucht und damit ganz am Anfang der europäischen Philosophiegeschichte steht, ging sie im Lauf der Jahrhunderte in Europa weitgehend verloren. Erst seit Ende des 19. Jahrhunderts wird sie wieder häufiger diskutiert.

Der Weg

Vielleicht ist die Wahrheit einfach unpraktisch, nicht einmal unbedingt schrecklich, sondern sie wäre, wenn man sie besitzen und festhalten könnte, langweilig wie jeder Besitz. Der menschliche Erkenntnis-Apparat, mit dem wir abstrahieren und vereinfachen, scheint gar nicht darauf ausgelegt zu sein, die Wahrheit wirklich zu erfassen, sondern er taugt eher nur dazu, das Leben zu bewältigen. Die Wahrheit selbst ist für uns zu dunkel, zu vielschichtig, zu widersprüchlich und zu veränderlich.

Aber auch wenn es keine feststehende Wahrheit gibt, die als Orientierungspunkt dienen kann, können wir für unser Handeln einen Weg finden. Dieser Weg wird nie widerspruchsfrei und vernünftig sein. Doch selbst, wenn er immer wieder die Richtung wechselt, kann er gangbar, folgerichtig und stimmig sein. Und auch wenn es keine objektiven Kriterien für den einzig richtigen Weg gibt, werden wir uns trotzdem immer wieder mit anderen Menschen treffen. Wir können unsere subjektiven Wahrheiten mit anderen teilen, in dem wir sie zu *Verabredun-*

gen machen, wie dies schon vor Sokrates der Sophist Protagoras vorgeschlagen hat. Solange sich die Beteiligten einig sind, lässt sich mit der Verabredung provisorischer Wahrheiten gut leben. Wenn sich die Verhältnisse ändern, müssen diese Verabredungen selbstverständlich verändert, das heißt verrückt werden. Die Verrücktheit von heute ist also die Wahrheit von morgen und umgekehrt. Die Einsicht, dass Wahrheit nichts Absolutes, sondern lediglich eine menschliche Konstruktion oder eine Verabredung ist, kann uns zu einem flexibleren Umgang damit motivieren, was wir im Augenblick für die Wahrheit halten.

Egoismus

Ihr sagt:
»Wir wollen doch nur Euer Bestes«,
doch das geben wir nicht her.
Graffiti aus dem
Englischen Garten in München

»Liebe deinen Nächsten, wie dich selbst«, dies ist einer der bekanntesten Sätze der christlichen Lehre. Doch schon wenn man vom ›Gebot der Nächstenliebe‹ spricht, ist der zweite Halbsatz fast vergessen. Das ›wie dich selbst‹ ist nicht gern gesehen. Eigenliebe hat den Geruch des Egoismus und gilt als sozialschädlich; sie gefährdet die Gemeinschaft und den Staat. Sich selbst zu lieben, das klingt nach Selbstbefriedigung, davor ist zu warnen. Man beginnt einen Satz nicht mit dem Wort *Ich*, und bei Aufzählungen hat sich das Ich grundsätzlich hinten anzustellen. Wenn wir uns als Kinder das größte Stück Kuchen nahmen, wurden wir ermahnt, nicht so ichsüchtig zu sein. Der Egoist nimmt auf Kosten anderer, und er nimmt sich selbst und seine Interessen zu wichtig.

Sind derartige Bedenken berechtigt? Berechtigt, in einer Gesellschaft, in der die meisten Menschen scheinbar nichts als ihre eigenen Interessen und ihr Vergnügen im Kopf haben und sich nur wenige für den von Abschiebung und Folter bedrohten Kurden oder das hungernde Kind in Afrika interessieren? Muss man daher zur Bewältigung der dringenden Probleme der Welt das »Ende der Egomanie« fordern und stattdessen Altruismus und Selbstlosigkeit predigen?

Selbst-losigkeit

Was Selbst-losigkeit bedeutet, hat für viele Menschen Jesus durch seinen Tod am Kreuz vorgelebt. In jeder Kirche suggeriert das im Zentrum hängende Kruzifix, dass wahre Liebe mit Selbstaufgabe verbunden ist. ›Aus Liebe will mein Heiland sterben‹ heißt es in der Matthäuspassion. Da bleibt scheinbar wenig Platz für Eigenliebe. Zwar lässt sich darüber streiten, wie wesentlich der Märtyrertod am Kreuz anfänglich für die christliche Lehre war. Als Symbol der Christen taucht das Kruzifix jedenfalls erst über 100 Jahre nach Christi Geburt auf. Aber bald war das Kreuz nicht nur ein beliebiges Zeichen, sondern stand auch für eine Botschaft. Wenn der Apostel Paulus versichert: »Ihr aber seid nicht fleischlich, sondern geistlich«, werden die Schmerzäußerungen eines gepeinigten Körpers unwichtig gegenüber der geistlichen, überpersönlichen Existenz. Ein furchtbarer Justizmord wird als vorbildlicher Weg interpretiert, für alle Christen, die bereit sind, ihr eigenes Kreuz zu tragen. Damit setzt sich im Christentum eine platonische Tradition durch, die im leiblichen Ego nur eine lästige Hülle des Geistes sieht, die es zu überwinden gilt. Das Kreuz und die Eigenliebe – das will nicht so recht zusammenpassen.

Der missbrauchte Altruismus

»Unter diesem Zeichen wirst du siegen« soll eine Stimme gesagt haben, als dem römischen Kaiser Konstantin das Kreuz vor einer entscheidenden Schlacht im Traum erschien. Diese Hoffnung war wohl begründet. Denn erst die durch das Kreuz symbolisierte Aufopferungsbereitschaft als zentrale christliche Tugend gibt dem Christentum die höhere Weihe, die es zur Staatsreligion tauglich macht. Für die Obrigkeit sind Bürger und Soldaten nützlich, die bereit sind, sich zu opfern und ihr irdisches Glücksstreben sowie individuelle Interessen hintanzustellen. So waren die christlichen Herrscher und ihre Ideologen in den kommenden Jahrtausenden, auch wenn sie es für sich selbst ganz anders hielten, immer bemüht, die Eigenliebe zu diskreditieren. Der menschliche Leib, mit Bedürfnissen nach Essen, Trinken, Liebe und Ruhe, ist nur lästig, wenn es um die Interessen des Staates geht. Nützlicher sind abstrakte Ideen, denen sich das Individuum gefälligst unterzuordnen hat.

Nicht nur in den Kreuzzügen wurden aufopferungsbereite Menschen benützt, um für die Christenheit oder, wie es später hieß, für Volk und Vaterland zu sterben. Aufopferungsbereitschaft wurde in vielen Situationen zu einer wichtigen Waffe der sich christlich nennenden Staaten im Kampf gegen innere und äußere Feinde. Schließlich wurde das Christentum nicht nur durch die Überzeugungskraft der christlichen Botschaft, sondern auch durch militärische Siege so rasch verbreitet.

Auf Kosten anderer

Zwar wird der Egoismus in der neuzeitlichen Marktwirtschaft seit Adam Smith positiv bewertet und als Triebfeder der Wirtschaft angesehen. Smith behauptete, dass eine »unsichtbare Hand« die zahlreichen Einzelegoismen so ordnet, dass sie insgesamt zum Allgemeinwohl beitragen. Aber dieses Lob des Egoismus bleibt meist auf den wirtschaftlichen Bereich und den Zweck der Rechtfertigung des Stärkeren beschränkt. Für das gemeine Volk gilt weiterhin regelmäßig die Unterscheidung zwischen den schlechten egoistischen Einzelinteressen und dem über alles stehenden Wohl der Gemeinschaft. Keine Regierung mag so recht auf die Idee vertrauen, dass eine unsichtbare Hand alles ordnen werde, wenn auch die Unterprivilegierten ihre Interessen konsequent vertreten würden. Und besonders in Krisenzeiten werden gerade die sozial Schwächeren ermahnt, Egoismus zu Gunsten der großen Sache zurückzustellen. Die Leiden des Einzelnen werden häufig zu einer zu vernachlässigenden Bagatelle erklärt, zu einem Opfer, das notwendig ist, um dem Wohl der Allgemeinheit zu dienen.

Besonders im persönlichen Bereich bleibt vieles, was dem Individuum offensichtlich gut tut, auch heute noch verdächtig. Kant vertritt in seiner Pflichtethik, dass der moralische Wert einer Tätigkeit sinkt, wenn man sie gerne tut. Dieser Gedanke ist immer noch lebendig. Ein Angestellter tut gut daran, gegenüber Vorgesetzten und Kollegen den Eindruck zu erwecken, hart an einer verantwortungsschweren Last zu tragen. Wer seine Arbeit scheinbar spielerisch bewältigt und das Gefühl vermittelt, dass es ihm dabei gut geht, setzt sich leicht dem Verdacht aus, nicht ernsthaft genug bei der Sache zu sein. Viele Zeitgenossen können es sich selbst und anderen nicht gönnen, das Leben guten Gewissens zu genießen. Wer sich amüsiert, tut dies womöglich auf Kosten anderer. Dabei wird vollkommen vergessen, dass man genauso gut andere in sein eigenes Unglück mit hineinziehen, also auf Kosten anderer unglücklich sein kann.

Das Ego kommt durch die Hintertüre

Aber das geschmähte Ego lässt sich nicht verscheuchen. Auch die allereifrigsten Wasserprediger sind in aller Regel heimliche Weintrinker. Gläubige beten für die Erlösung von dem Übel des Egoismus, weil sie dadurch für sich selbst den Einzug ins Himmelreich erhoffen. Selbst in Mönchsorden wurde das Gebot der Armut regelmäßig verletzt. Und die christlichen Oberschichten haben sich zu allen Zeiten selbstverständlich den größten Teil am verfügbaren gesellschaftlichen Reichtum gesichert. Ausgerechnet der Calvinismus machte den zumindest offiziell im christlichen Mittelalter geschmähten Reichtum hoffähig, indem er ihn als Zeichen göttlicher Gunst interpretierte. Das Ego ist ein wahrer Verwandlungskünstler und veranstaltet täglich Karneval mit den verschiedensten Masken. Eine davon ist die Beteuerung, doch nur das Beste für andere zu wollen. Das Bedürfnis, sich vor anderen als guten Menschen zu präsentieren, führt oft zu den raffiniertesten Selbstinszenierungen. Der Egoismus wird häufig des Hauses verwiesen und kommt doch schleunigst zur Hintertüre wieder herein. – Aber das ist niemandem vorzuwerfen.

Die unmögliche Moral des Altruismus

Denn wer die Konsequenzen aus der im vorangegangenen Kapitel gestreiften Erkenntnistheorie zieht, weiß, dass sichere Erkenntnisse über das eigene Ich hinaus unmöglich sind. Deshalb können wir nicht anders als egoistisch sein. »Wenn man glaubt, seine Mätresse ihr zuliebe zu lieben, so hat man sich schön geirrt.« Dieser spöttische Satz von La Rochefoucauld gilt nicht nur für die Liebe zur Mätresse. Es ist unmöglich, für andere zu fühlen, sondern wir fühlen nur für uns. Das Ego ist unsere einzige Basis, über die wir verfügen, und deshalb können wir immer nur für uns selbst handeln. Welche Gefühle unsere Handlungen bei den Mitmenschen auslösen, können wir vermuten, aber nie wirklich wissen.

Berühmt ist die Geschichte des Ehepaars, das täglich ein Brötchen teilt. Erst nach vielen Jahren bekommen beide heraus, dass jeder die Hälfte des Brötchens weniger mochte, die der andere täglich mit dem Gefühl, den besseren Teil abzugeben, herüberreichte. Diese Episode macht deutlich, wie schief es gehen kann, für andere denken und fühlen zu wollen. Aber viele Missverständnisse sind noch grundlegender. Denn wenn es auch provozierend klingt, liebt man genau betrachtet, »weder Vater noch Mutter, noch Frau, noch Kind, sondern die angenehmen Empfindungen, die sie uns machen.« Friedrich Nietzsche hat sich für derartige Gedanken den Vorwurf der Gefühlskälte und Rücksichtslosigkeit eingehandelt. Aber trotzdem stimmt er mit der modernen Psychologie überein, wenn er schreibt: »Die Liebe zum Nächsten ist die Liebe zu unserer *Vorstellung* vom

Nächsten. Wir können nur *uns* selber lieben, weil wir uns kennen. Die Moral des Altruismus ist unmöglich.« Denn »der Altruismus gilt nicht andren *Individuen,* sondern imaginären *gleichen* Wesen. Dem Individuum zu helfen ist unmöglich, weil man es nicht erkennen kann. Das Unerkennbare – das ist der Nächste.«

Die Zähmung des vermeintlichen Wolfs

Es fragt sich, ob das manchmal geradezu verzweifelte moralische Lob des Altruismus nicht häufig auch die Kehrseite der Medaille des seit Thomas Hobbes gängigen Menschenbilds ist, nach dem der Mensch dem Menschen ein Wolf sei. Wenn alle Menschen in der Vorstellung gleichzeitig zu Jägern und Gejagten gemacht werden, liegt es nahe, dem ein moralisches Gegengewicht im Lob des Altruismus entgegenzusetzen. Da das Leben in einer von der Vorstellung des Sozialdarwinismus geprägten Welt einigermaßen unerträglich ist, erscheint die Hoffnung auf das Wiedererstarken des Altruismus als rettender Strohhalm. Aber dieser verordnete Altruismus funktioniert nicht. Vor allem hilft das Lob des Altruismus gerade den sozial Schwachen meist wenig. Im Gegenteil hindert häufig die Forderung des Altruismus die Unterprivilegierten moralisch daran, ihre eigenen Interessen zu vertreten. Und vielleicht ist gar nicht in erster Linie der angeblich zunehmende Egoismus, sondern das in den Köpfen der Menschen herumgeisternde Modell des Sozialdarwinismus dafür verantwortlich, wenn Konflikte häufig eskalieren.

Während die Vorstellung, des Kampfes aller gegen alle das Leben schwer macht, kann das Bewusstsein, wechselseitig aufeinander angewiesen zu sein, ein befriedigendes Miteinanderleben begünstigen. Wer den Menschen nicht als einen bösen Wolf, sondern als ein soziales Wesen betrachtet, das sich in der Kooperation und der gemeinsamen Entwicklung mit anderen Menschen entfaltet, ist auf das moralische Gebot des Altruismus gar nicht sonderlich angewiesen.

Wenn jeder an sich denkt …

»Wenn jeder an sich denkt, …«, so pflegen moralische Appelle zu beginnen, die vor der Gefahr des Egoismus warnen wollen. Und wenn das ›an sich selbst denken‹ erst einmal tabuisiert ist, kann das Versteckspiel beginnen, wer welche Interessen vertritt. Rätselhaft bleibt dabei häufig auch, wer welchen Nutzen hat. Vielleicht erspart die Pflicht zur Aufopferung manchmal die Mühe, für sich selbst eigene Ziele zu definieren. Aber es bleibt fragwürdig, ob die Tabuisierung des Eigeninteresses, wie häufig suggeriert wird, der Allgemeinheit nützt. Denn es ist nicht nur sophistische Haarspalterei, wenn bei dem chinesischen Philosophen Liä Dsi der ›Wert der Selbstsucht‹ gepriesen wird und Dschuang Dsi auf die Frage, ob er auf ein einziges Härchen seines Körpers verzichten würde, wenn er damit der ganzen Welt aufhelfen könne, antwortet: »Der Welt kann unmöglich mit einem Haar geholfen werden« und weiter: »Ein Haar ist freilich nur der zehntausendste Teil des ganzen Leibes, aber warum soll man auch nur diesen einen Teil gering achten?«

Wenn jeder an sich denkt – wird keiner vergessen. Vielleicht macht diese alternative Fortsetzung des berühmten Satzanfangs mehr Sinn. Erst wenn ich versucht habe, meine Bedürfnisse klar zu definieren, kann ich mit anderen respektvoll darüber verhandeln, ob deren Wille mit meinem in Einklang zu bringen ist.

Der klügste Mann der Welt

»Die Menschen geben sich in Miete. Ihre Kräfte gehören nicht mehr ihnen, sondern denen, zu deren Sklaven sie sich machen: Nun sind ihre Vermieter bei ihnen zu Hause, nicht sie. Diese allgemeine Bereitschaft zur Selbstaufgabe missfällt mir. Wir sollten mit der Freiheit unsrer Seele achtsam umgehen und sie bloß in berechtigten Fällen verpfänden; von solchen aber gibt es, recht bedacht, äußerst wenige.« Plädoyers wie diese Sätze von Michel de Montaigne, die dazu auffordern, das eigene Ich ernst zu nehmen, sind in der abendländischen Tradition vor Nietzsche eine Seltenheit. Die allgemeinen

Warnungen vor Egoismus richten die Leute darauf ab, sich ständig vereinnahmen und für eine Sache oder für andere mitreißen zu lassen. Eine hektische Betriebsamkeit, angeblich für das Allgemeinwohl, hindert regelmäßig daran, den Puls des eigenen Lebens zu spüren. Vielen ist scheinbar der Weg zu weit, einmal ›in sich zu gehen‹. Oder aber es werden im eigenen Ich Abgründe vermutet, denen man sich höchstens unter der fachkundigen Führung eines erfahrenen Psychotherapeuten zu nähern traut. Dabei käme es gerade darauf an, sich selbst zu trauen. Was das eigene Ich betrifft, ist jeder für sich selbst der beste Spezialist, den es geben kann. »Eigenliebe ist klüger als der klügste Mann der Welt.« Aber Eigenliebe ist keine Selbstverständlichkeit, sondern ein Gewächs, das zu seinem Gedeihen bewusster Pflege bedarf.

Bei sich sein

Eigenliebe muss nichts damit zu tun haben, anderen etwas wegzunehmen oder sich rücksichtslos über deren Interessen hinwegzusetzen. Das Recht, sein eigenes Lebensglück zu verfolgen, das immerhin in der amerikanischen Verfassung seinen Platz gefunden hatte, wird zu Unrecht geächtet oder mit der Sucht nach oberflächlichen Vergnügungen gleichgesetzt. Stattdessen könnte man Eigenliebe viel eher als die Fähigkeit verstehen, bei sich selbst zu sein. Diese Fähigkeit mutet etwas anachronistisch und eigenbrötlerisch an. Durch die Allgegenwart von Medien und Kommunikationsmitteln wird es uns nicht unbedingt leichter gemacht, uns selbst wahrzunehmen. Das Telefon bimmelt immer gerade dann, wenn wir uns auf uns selbst konzentrieren wollen. Die Werbung schwatzt uns ständig irgendein Produkt auf, das wir angeblich unbedingt benötigen. Fernsehen oder Zeitschriften propagieren dieses oder jenes Lebensgefühl und geben uns Ratschläge, wie wir zu sein haben. In diesem Durcheinander kann sich die eigene innere Stimme manchmal nur schwer Gehör verschaffen. Der hin und wieder als egoistisch eingestufte Impuls, sich dem kommunikativen Trommelfeuer unserer Umwelt zu entziehen, kann hier wohltuenden Ausgleich verschaffen. Es ist befreiend, das Telefon auch mal nicht abzuheben und einmal eine Verabredung ausfallen zu lassen.

Bei sich sein ist eine Kunst, die oft nötig ist, um überhaupt erst wieder in der Lage zu sein, mit anderen sinnvoll zu kommunizieren und zusammenzuwirken. Auch die heutzutage hochgelobten Tugenden Kommunikations- und Teamfähigkeit werden sinnlos, wenn der Kommunizierende nicht auch das Ziel hat, mit sich selbst ins Reine zu kommen. Unser Handeln wird immer zielloser und unerfreulicher, wenn es sich nicht aus einem gewissen ›Selbstbewusstsein‹ speist. »Der Weg, den unsre Wünsche einschlagen, muss auf das enge Feld der uns am unmittelbarsten zugänglichen Annehmlichkeiten begrenzt und eingeschränkt bleiben, und obendrein sollte er nicht in grader Linie verlaufen, die irgendwo außerhalb endet, sondern einen Kreis bilden, dessen Enden sich nach kurzem Umlauf in uns schließen. Alle Vorhaben, die ohne Bereitschaft zur Rückkehr in uns selbst unternommen werden – und ich meine eine ernsthafte, nicht immer wieder abschweifende Rückkehr –, sind abwegig und krankhaft.«

Meditation

Ganz radikal hat Blaise Pascal ausgedrückt, wie negativ sich die Unfähigkeit, bei sich zu sein, auswirkt: »... so habe ich oft gesagt, dass alles Unglück der Menschen einem entstammt, nämlich dass sie unfähig sind, in Ruhe allein in ihrem Zimmer bleiben zu können.« Die bewussteste Form des Beisichseins, die Meditation, wurde in unserer Kultur in den letzten Jahrhunderten nur noch wenig praktiziert. Erst in jüngster Zeit, vor allem durch die Auseinandersetzung mit asiatischen Kulturen, findet sie wieder mehr Interesse. Viele asiatische Religionsstifter und Weisheitslehrer gingen jahrelang in die Einsamkeit, um zu meditieren. Nur daraus schöpften sie ihre Erkenntnisse, von denen andere dann profitieren konnten. Durch diese Praxis wird eine Sichtweise erkennbar, die Allgemeinheit und das Individuum nicht im Gegensatz zueinander zu sehen. Das Opfer des Individuums für die Gemeinschaft gilt als überflüssig. Im Gegenteil, das in sich selbst ruhende Individuum wird als Beitrag zu einer intakten Gemeinschaft angesehen. Die Selbstfindung des Individuums gibt der Allgemeinheit wichtige Impulse.

Nächstenliebe als Weisheitslehre

Eigenliebe muss nicht die böse Kehrseite zum guten Gebot der Nächstenliebe sein. Vielleicht trägt die Fixierung auf das Kruzifix als wichtigstes Symbol des Christentums zu einem Missverständnis bei, das häufig zu Selbst-losigkeit und Selbsthass führt und viele Menschen daran hindert, sich in der Kunst der Eigenliebe zu üben. »Die größte Sache der Welt ist, dass man sich selbst zu gehören weiß.« Eigenliebe und Nächstenliebe vertragen sich sehr gut miteinander. Es ist nicht zu optimistisch, wenn Montaigne behauptet: »Wer sich selber Freund ist, der ist allen Freund.« Durch diese Sichtweise versöhnen sich die angeblichen Gegensätze. Eigenliebe ist nicht der Gegensatz, sondern die Voraussetzung zur Nächstenliebe. ›Liebe deinen Nächsten *wie dich selbst.*‹ Wer den zweiten Halbsatz des Gebotes der Nächstenliebe vergisst, entzieht ihr die Grundlage. Eine Nächstenliebe dagegen, die von einer Grundlage der Eigenliebe ausgeht, ist kein strenges Gebot, sondern viel eher eine Weisheitslehre, der wir uns mit Vergnügen zuwenden können.

Die Tugend der Tugendlosigkeit

Ich aber rufe zu fortdauernden Lustempfindungen auf und nicht zu sinnlosen und nichts sagenden Tugenden, die nur verworrene Illusionen über mögliche Früchte in sich bergen.
Epikur

Den vorangegangenen Kapiteln zum Lob der Untugenden ließen sich ohne weiteres noch viele ähnliche anfügen. Ein Lob der Feigheit etwa wäre dem blinden Mut gegenüberzustellen, der oft nur ein Mangel an Phantasie ist. Ein Lob der Treulosigkeit würde ich singen, gegenüber dem verkrampften Festhalten an sinnlos gewordenen Bindungen. Die Schwäche wäre zu nennen, die im Augenblick nicht veränderbare Realitäten akzeptiert und zu nutzen weiß, statt die Welt mit Gewalt ändern zu wollen. Es fällt mir die Disziplinlosigkeit ein, die uns dazu bringt, momentane Impulse ernst zu nehmen, auch wenn sie Regeln widersprechen. Wenn die angebliche Unverdorbenheit, Harmonie und Vernunft der Natur gelobt wird, überkommt mich manchmal die Lust, für die Künstlichkeit von Zivilisation und Kultur Partei zu ergreifen. Selbst der Forderung nach Toleranz möchte ich entgegnen, dass es Situationen gibt, in denen ich intolerant sein möchte. »Alle Tugenden können als Laster und alle Laster als Tugenden dargestellt werden«, und dies ist mehr als ein rhetorischer Taschenspielertrick.

Moral macht Schmerzen

Mein Widerspruch gegen etablierte Tugenden ist nicht Ausdruck der Lust an Provokation. Vielmehr kommen mit dem Lob der Untugenden wichtige Aspekte zum Vorschein, die mit der Formulierung von Tugenden ausgegrenzt und ausgeblendet werden.

Selbstverständlich kann es nicht darum gehen, die in den letzten Kapiteln besprochenen Untugenden als neue Ideale zu etablieren und damit die klassischen Tugenden zu ersetzen. Ich möchte nicht neue Wahrheiten verkünden, sondern vertraute Vorstellungen in Frage stellen, um dadurch zu größerer Offenheit zu ermutigen. Der Zweifel an Tugenden macht bewusst, wie vielfältig und verschieden moralische Vorstellungen sein können und wie problematisch der Versuch ist, eine allgemeingültige Moral festzulegen.

Manchen erscheint zwar die geronnene Moral der Tugenden als Rettungsanker in der Not drängender Probleme. Aber wie auch Kranke mit wachsendem Leidensdruck dazu neigen, zweifelhafte Medikamente mit unabsehbaren Risiken und Nebenwirkungen zu konsumieren, so wird auch die Tauglichkeit der Tugenden oft wenig reflektiert und stattdessen im Zweifelsfall mehr des Falschen empfohlen. Kein Wunder, dass viele Heilserwartungen nicht erfüllt werden. Wo Wirkung ist, sind Nebenwirkungen, und die Nebenwirkungen vieler Heilmittel sind so gravierend, dass es oft besser wäre, sie ganz wegzulassen. Schon Dschuang Dsi beklagt vor über 2000 Jahren: »Ach, wie widerspricht doch die Moral der menschlichen Natur! Was macht diese Moral doch für viele Schmerzen! … Was hat sie doch seit Anbeginn der Weltgeschichte für unnötige Verwirrung angerichtet!«

Freude oder Verzicht

Wenn wir uns nur nach momentanen Bedürfnissen richten, sind Tugenden überflüssig. Tugendhaftes Handeln findet sozusagen gegen die Schwerkraft statt, es ist oft anstrengend und schmerzhaft. Und zumindest in der protestantisch-pietistischen Tradition herrscht die Vorstellung vor, dass dies immer so sein muss. Verdächtig wird dann alles, was mühelos und selbstverständlich funktioniert, Spaß macht und die Lust befriedigt. Dem hat schon Nietzsche widersprochen: »Das Gute ist leicht. Alles Göttliche läuft auf zarten Füßen.« Und dementsprechend warnt er auch vor den schädlichen Nebenwirkungen der Moral:

»Inwiefern hat die Moral *schädlich* gewirkt? Insofern sie den Körper verachtete, im Asketismus, der Pflicht, des Muthes, des Fleißes, der Treue usw. Namentlich in jenem mit Religion verquickten Kanon, dass Sich-Freuden-Bereiten der Gottheit unangenehm, Sich-Leiden-Bereiten ihr angenehm sei. Man lehrte zu leiden, man rieth ab, sich zu freuen, – in allen Moralen (die des Epikur ausgenommen), das heißt, die

Moral war bisher ein Mittel, die physiologische Grundlage des Menschen in ihrer Entwicklung zu stören …«

Es scheint, als sei nach den Geboten der gängigen Moral meist nicht die Wahrnehmung und möglichst vollständige Befriedigung von Bedürfnissen erstrebenswert, sondern gefordert wird die Fähigkeit zum Verzicht. So interpretieren die Freudianer unsere gesamte Kultur als Produkt des Verzichts und der Sublimierung elementarer Triebe.

Der Marshmallowtest

Und selbst moderne wissenschaftliche Untersuchungen sind noch von ähnlichen Vorstellungen geprägt. In dem Buch *EQ – Emotionale Intelligenz* von Daniel Goleman wird von einem Versuch berichtet, in dem vierjährigen Kindern eine begehrte Süßigkeit, Marshmallows, angeboten werden, mit dem Versprechen, dass sie noch ein zweites Marshmallow bekommen, wenn sie fünfzehn Minuten lang darauf verzichten können, das erste zu essen. In Langzeitnachuntersuchungen nach 12–14 Jahren wurde dann nachgewiesen, dass die Kinder, die diesen Verzicht leisten konnten, im Leben erfolgreicher sind als diejenigen, die sich den Genuss des Marshmallows nicht so lange verkneifen konnten. Ich möchte dieses Untersuchungsergebnis nicht anzweifeln. Aber ich frage mich trotzdem, welchen Preis wir für die in unserer Kultur üblicherweise antrainierte Fähigkeit des Verzichts bezahlen. Reduzieren wir nicht dadurch, dass wir lernen, Genüsse auf später oder manchmal auf den Sankt-Nimmerleins-Tag zu verschieben, unsere Fähigkeit, die Süße des Lebens zu genießen? Zumindest habe ich den Eindruck, dass es vielen Erwachsenen gut täte, sich von der in der Jugend genossenen Dressur gelegentlich freizumachen und stattdessen (wieder) zu lernen, mehr die Genüsse des Augenblicks zu leben.

Menschlichkeit übersieht den Menschen

Man lügt nicht, selbst wenn die Wahrheit offensichtlich schädlich ist. Man geht nicht bei Rot über die Ampel, auch wenn weit und breit kein Auto zu sehen ist. Wenn man bei Grün geht und trotzdem angefahren wird, ist man allerdings umso empörter, da man sich doch im Recht wähnt. Wer sich an vorgegebene Regeln hält und sich dabei fleißig und ehrlich bemüht, erwartet dafür eine Belohnung. Aber moralische Gebote sind immer Verallgemeinerungen, die vielen konkreten Situationen nicht gerecht werden. Ein Beharren auf Tugenden kann niemals alle passenden Antworten auf zahllose verschiedene Lebenslagen geben. Das in unserer Kultur vorherrschende platonisch-christlich-kantische Moralsystem engt uns oft ein und hindert daran, sich zwischen verschiedenen Verhaltensmöglichkeiten frei zu entscheiden.

Vor allem, wenn wir uns aus moralischen Gründen gegen spontane Gefühle und Bedürfnisse entscheiden, sind die Gebote der Moral häufig intolerant und gewalttätig, gerade dann, wenn wir sie auf die eigene Person anwenden. Denn auch Intoleranz beginnt oft bei uns selbst, wenn wir eines der vielen, einander widersprechenden Ichs in uns nicht akzeptieren.

Auch ansonsten meist sinnvolle Gebote und Regeln können schädlich werden, wenn sie den konkret davon betroffenen Menschen aus den Augen verlieren.

Das Maß aller Dinge

Nicht der Mensch, sondern jeder Mensch ist das Maß aller Dinge. Deshalb ist auch für jeden Menschen und für jede konkrete Situation ein anderes Maß erforderlich. Tugenden sind beileibe nicht immer tauglich, sondern sie sind Vorurteile, die sich bei vielen Gelegenheiten als Fehlurteile erweisen. Je mehr man sich in bestimmte Situationen hineinfühlt und denkt, desto fragwürdiger werden oft allgemeine Gebote der Pflicht oder des Gewissens. Und wenn man sich klarmacht, unter welchen Umständen derartige Gebote vor langer Zeit entstanden sind, verlieren sie erst recht ihre unanfechtbare Autorität. Selbst Unwissenheit und mittlerweile vollkommen falsche Voraussetzungen sind durch überkommene Moral mit heilig gesprochen. So wie in Deutschland der mit moralischem Eifer betriebene Aufwand der Mülltrennung in groteskem Missverhältnis zu seinem geringen ökologischen Nutzen steht, ist der Zweck moralischen Handelns häufig nicht mehr erkennbar. Moral bezieht ihre Rechtfertigung aus einer Vergangenheit, die den Bezug zur aktuellen Realität oft längst verloren hat.

Nicht zu selten mag auch die Angst vor dem Wechselnden eine Rolle spielen, wenn viele sich zu abstrakten und scheinbar unveränderlichen Idealen hingezogen fühlen. Eine derartig motivierte Moral ist allerdings kein Ausdruck von Menschenfreundlichkeit, sondern dient vor allem dazu, die Auseinandersetzung mit der konkreten Realität zu verhindern.

Von Untugenden abgrenzen

Man kann sich ohne weiteres dazu entscheiden, heute Reis und morgen Nudeln zu essen. Moralische Entscheidungen sind komplizierter. Wer moralisch argumentiert, entscheidet sich nicht einfach nur für eine Möglichkeit, sondern die abgelehnte Alternative wird gleichzeitig ausdrücklich abgelehnt und abgewertet. Wer von Tugenden redet, grenzt sich gleichzeitig von Untugenden ab.

Und moralische Entscheidungen schließen die abgelehnte Alternative nicht nur möglichst ein für alle Mal aus, sondern versuchen sie sogar zu negieren. Statt die Welt in ihrer Vielfalt unbefangen zu betrachten, wird sie durch Moral nach einer vorgefassten Idee schematisiert. Dabei wird meist verdrängt, dass die Vorstellungen von Gut und Böse durchaus nicht objektiv sind, sondern in aller Regel von den jeweiligen Oberschichten einer Gesellschaft durchaus parteiisch festgelegt werden. Moral ist also, wie es Marxisten ausdrücken würden, die Moral der Herrschenden.

Wenn Betroffenheit nicht trifft

Aber selbst moralisch noch so gut gemeintes Engagement geht häufig an anderen Menschen vorbei. In dem *Roman eines Schicksallosen* des ungarischen Nobelpreisträgers Imre Kertész begegnet der Icherzähler, ein junger ungarischer Jude, bei seiner Rückkehr aus dem KZ in Budapest einem älteren Herrn, der sich mit moralischem Eifer für das Schicksal interessiert, das der junge Mann in der ›Hölle der Lager‹ erlitten hat. Dieser hat aber durchaus nicht das Gefühl, dass die Wirklichkeit der hinter ihm liegenden Zeit mit dem Begriff der Hölle zutreffend beschrieben ist, und antwortet daher, dass er sich nur das Konzentrationslager vorstellen könne, »die Hölle aber nicht« ... »Denn sogar dort, bei den Schornsteinen, gab es in der Pause zwischen den Qualen etwas, das dem Glück ähnlich war.«

Die Wirklichkeit ist viel komplizierter als das, was man mit einer vor allem moralisch gefärbten Sichtweise erfassen kann. Auch im Umgang mit Schwerkranken habe ich immer wieder die Erfahrung gemacht, dass sie sich durch gut gemeintes Mitgefühl auf die Rolle des Kranken reduziert fühlen und sie stattdessen lieber als ganz normale Menschen mit allen dazu gehörenden Widersprüchen wahrgenommen und begleitet werden wollen. Auch Sterbenskranke haben manchmal das Bedürfnis, unbekümmert zu lachen, selbst wenn dies für andere der Situation unangemessen erscheint.

Das tugendhafte Verhalten der anderen

Besonders fatal ist, wenn wir von anderen moralisches Verhalten erwarten. Nicht nur, dass dies eine besonders heimtückische Art ist, seiner Umwelt Gewalt anzutun. Vor allem aber ist der Versuch, andere zu einer bestimmten Moral zu nötigen, so oft von Enttäuschungen begleitet, dass er aus Watzlawicks *Anleitung zum Unglücklichsein* stammen könnte. Moralische Appelle sind regelmäßig Verzweiflungstaten, wenn das Vertrauen schwindet, dass Probleme auf andere Weise befriedigend lösbar sind. Paradoxerweise tragen sie aber meist gerade dazu bei, dass das befürchtete Ergebnis eintritt. Wer Treue fordert, hat Gründe, Untreue zu befürchten. Aber statt sich mit diesen Gründen auseinander zu setzen und damit eine Lösung zu suchen, schiebt die moralische Argumentation die Schuld für das drohende Unheil schon einmal vorsorglich auf den charakterlichen Mangel des anderen. Auf die Dauer ist die Drohung ›du bist schlecht, wenn du nicht das tust, was ich will‹ allerdings nur selten hilfreich.

Vor Moral warnen

Moral wähnt sich selbst immer auf der Seite des Guten. Dies ist allerdings schon deshalb so, weil das angeblich Gute durch Moral gerade definiert wird. Schwierig wird es nur, wenn andere das Gute anders definieren. Wenn die unterschiedlichen Standpunkte zweier Parteien aufeinander prallen, die beide überzeugt sind, auf der Seite des Guten zu stehen, ist eine Verständigung oder gar ein Ausgleich fast unmöglich. Das Gefühl, moralisch im Recht zu sein, verschafft beiden Seiten so viel Nachdruck, dass Kompromisse nur schwer möglich sind. Eine gravierende Schattenseite moralischer Betrachtungsweisen ist daher, dass sie die Tendenz haben, geradewegs zum Unfrieden zu führen. Der Soziologe Niklas Luhmann hat dies so ausgedrückt: »Empirisch gesehen, ist moralische Kommunikation nahe am Streit und damit in der Nähe von Gewalt angesiedelt. Sie führt im Ausdruck von Achtung und Missachtung zu einem Überengagement der Beteiligten. Wer moralisch kommuniziert und damit bekannt gibt, unter welchen Bedingungen er andere und sich selbst achten bzw. missachten wird, setzt seine Selbstachtung ein – und aufs Spiel. Er wird dann leicht in Situationen kommen, in denen er stärkere Mittel wählen muss, um Herausforderungen zu begegnen.«

Wer moralisch kommuniziert, droht, Feindbilder aufzubauen und Streit zu produzieren. Deshalb kann man schon um des Friedens und der Verständigung willen zu der Empfehlung kommen – vor Moral zu warnen.

Macht Moral doch Sinn?

Mancher Leser mag an dieser Stelle einwenden, dass ich den Sinn von Tugenden und Moral bisher zu wenig gewürdigt habe. So gab mir ein Freund, der sich als begeisterter Langläufer betätigt, nach der Lektüre einiger Kapitelentwürfe zu verstehen, wie wichtig es für ihn beim Lauftraining sei, eine gewisse Disziplin und Ordnung einzuhalten. Sicherlich, auch mir hat das Schreiben dieses Buches in manchen Phasen Fleiß und Durchhaltevermögen abgefordert. Allerdings haben die Tugenden in diesen Fällen keine moralische, sondern eher eine zweckgerichtete Qualität. Wie das Trinken von Flüssigkeit moralisch gesehen wertneutral ist und einfach das Verdursten verhindert, sind die in diesen Beispielen angeführten Tugenden keine höheren Werte, sondern dienen einem bestimmten Ziel.

Ein gewichtigerer Einwand erscheint mir, dass Tugenden und Moral Teil eines gewachsenen sozialen Gleichgewichtes einer Gesellschaft sein können. So war zum Beispiel eine aus unserer Sicht strenge Sexualmoral früher auch ein Beitrag zu einer notwendigen Geburtenkontrolle. Und selbst heute noch kann das Beharren auf einer bestimmten Moral Ausdruck des Selbstbehauptungswillens von in ihrer Identität bedrohten Kulturen sein. Aber den Sinn von Tugenden in bestimmten Zusammenhängen anzuerkennen, bedeutet noch lange nicht, dass es sinnvoll wäre, Tugenden allgemein zu fordern.

Vielfaltsinn

In einer multikulturellen Welt kann keine Einzelgruppe mehr die Definitionsmacht für allgemein verbindliche Tugenden beanspruchen. Eine pluralistische Gesellschaft benötigt auch einen Pluralismus der Tugenden. Diese Tugenden müssen außerdem zweckgerichtet sein und können keine absoluten Werte mehr darstellen. Gerechtigkeit, Wahrhaftigkeit und Pflicht haben nichts Herrliches, wenn man von ihrer Beziehung zum Glück konkreter Menschen absieht. Statt bestimmte Tugenden durchzusetzen oder neu zu formulieren, ist anzuerkennen, dass sich scheinbar widersprechende Ansichten womöglich gegenseitig ergänzen. Statt der Durchsetzung einer Moral hilft Vielfaltsinn und Balance nicht nur zwischen widerstreitenden Dogmen, sondern auch zwischen widerstreitenden Wirklichkeiten. Diese Balance lässt dem Einzelnen die Freiheit, sich in bestimmten Situationen so oder so zu entscheiden. Eine derartige Offenheit könnte man als die Tugend der Tugendlosigkeit bezeichnen.

Ausgerechnet ein katholischer Theologe, der Benediktinermönch Anselm Grün, hat die Konsequenz formuliert, die für mich nach der Beschreibung der Schattenseiten von Tugenden und Moral nahe liegt: »Je mehr wir moralisieren, desto weniger Lebendigkeit haben wir in uns.«

Unmoralisches

Jenseits von richtig
und falsch liegt ein Ort.
Dort treffen wir uns.
Dschelaleddin Rumi

Ist es also menschlicher, auf moralische Betrachtungsweisen zu verzichten und sozusagen möglichst unmoralisch zu sein? Besorgten Eltern mag diese Idee gefährlich erscheinen. Auch ich erinnere mich, dass meine ersten Phantasien, dem Erwerbsleben frühzeitig ade zu sagen, von der Sorge begleitet waren, dass meine Töchter durch die Faulheit ihres Vaters in ihren schulischen Anstrengungen nachlassen könnten. Aber mittlerweile weiß ich, dass diese Sorge unbegründet und mein Vorbild zumindest in dieser Beziehung unwichtig war. Unter den zahlreichen Motivationen, etwas lernen zu wollen, spielt das moralische Gebot des Fleißes offensichtlich nur eine untergeordnete Rolle.
Die Frage ›wie viel Moral braucht der Mensch‹ bleibt zwar am Ende dieses Buches schon deshalb unbeantwortet, da allgemeine Antworten der konkreten Situation immer Gewalt antun.

Aber ich werde immer skeptischer, wenn ich beobachte, wie wenig moralische Sichtweisen in aller Regel zur Lösung von Konflikten beitragen oder sie im Gegenteil erschweren. Der Nutzen moralischer Anstrengungen ist mir, seit ich mich mit dem Thema dieses Buches beschäftige, immer zweifelhafter geworden. Im Schlusskapitel möchte ich nun ein paar Beispiele dafür anführen, wie vieles ohne Moral besser funktionieren und gerade der bewusste Verzicht auf moralische Betrachtungsweisen häufig zu befriedigenden Lösungen von Problemen beitragen kann.

Moral überflüssig machen

Moralische Argumentationen werden zwar oft als vorrangig oder höherwertig angesehen. Durch die moralische Färbung bekommen die damit verbundenen subjektiven Wünsche und Vorstellungen einen objektiven Anstrich, und die moralische Verkleidung wirkt wie ein Schutzschild, der die dahinter stehenden Forderungen scheinbar unangreifbar macht und kritische Fragen unterbindet.

Dabei lohnt es sich immer, genauer nachzufragen, welche Interessen dahinter stehen, wenn der Rückgriff auf Moral in einer bestimmten Situation für nötig erachtet wird. Nicht nur in der Vergangenheit wurden regelmäßig Tugenden wie Tapferkeit und Treue für verbrecherische Kriege missbraucht. Auch heute ist es immer interessant, auf wessen Kosten argumentiert wird, wenn sich Politiker besonders mutig und tatkräftig geben und von anderen Bescheidenheit und Opferbereitschaft einfordern. Gerade sozial Schwächere haben häufig Grund, Moral als Waffe, die sich gegen sie richtet, zu empfinden. Nicht zu Unrecht hat Bertolt Brecht selbst dem Lob der Gerechtigkeit misstraut, wenn er schreibt:

»Es gibt Staaten, in denen die Tugend der Gerechtigkeit zu sehr gerühmt wird. In solchen Staaten ist es, wie man vermuten darf, besonders schwer, Gerechtigkeit zu üben. … In Ländern, die gut verwaltet sind, braucht es keine besondere Gerechtigkeit. Dem Gerechten fehlt dort die Ungerechtigkeit wie dem Klagenden der Schmerz.«

Um den Wert von moralisch geprägtem Verhalten zu belegen, werden oft Extremsituationen beschworen, in denen Opfer von Einzelnen für die Gemeinschaft notwendig erscheinen. Aber ist es nicht viel wichtiger, für Verhältnisse zu sorgen, in denen derartige Opfer überflüssig sind?

Im Namen der Moral wird oft ein Interessengegensatz zwischen individuellen Wünschen und dem Wohl der Gemeinschaft beschworen. Aber die Interessen und das Wohl des Einzelnen müssen kein Störfaktor der Gemeinschaft sein, sondern sind im Gegenteil der einzige Legitimationsgrund für jede Art von gesellschaftlicher Organisation. Auch der notwendige Interessenausgleich zwischen den Einzelindividuen rechtfertigt nicht, eine abstrakte Gemeinschaft über die Bedürfnisse der Einzelnen zu stellen.

Zusammenspiel

Was passiert, wenn sich zwei Menschen begegnen? Beachten sie sich kaum und gehen aneinander vorbei, werden sie sich vertrauen, gar lieben, oder gegenseitig umbringen? Es gibt unendlich viele Möglichkeiten, sich zueinander zu verhalten und miteinander in Beziehung zu treten. Am Anfang einer Begegnung ist die Situation am offensten. Dann werden Signale ausgetauscht, auf die das Gegenüber reagiert: du interessierst mich, du bist mir angenehm, lass mich in Ruhe, du machst mir Angst. Aber so vielfältig das Wechselspiel von Bewertung, Nähe, Distanzfindung und Hierarchisierung auch sein mag, immer ist der nächste Schritt auch eine Reaktion auf das Verhalten des anderen. Verhaltensregeln und Moral können in derartigen Situationen nur helfen, wenn beide Seiten nach denselben Regeln spielen. Missverständnisse sind dagegen vorprogrammiert, wenn die Partner von unterschiedlichen Normen ausgehen. Dann wird eine konstruktive Auseinandersetzung erst wieder möglich, wenn die Beteiligten bereit sind, eigene Normen in Frage zu stellen und zu relativieren. Durch spontane

Interaktion und die Bereitschaft aufeinander zu hören, kann sich dann, wie bei einer musikalischen Gruppenimprovisation, ein harmonisches Zusammenspiel entwickeln.

Dabei ist es durchaus nicht immer erforderlich, dass sich die verschiedenen Mitspieler auf eine einheitliche Moral einigen. Auch Menschen mit unterschiedlichen Moralvorstellungen können gut miteinander harmonieren und sogar, wie Schlüssel und Schloss, gerade durch ihre Unterschiedlichkeit besonders gut zueinander passen.

Ja selbst als Einzelindividuen stellen wir manchmal fest, dass *eine* Moral nicht ausreicht um allen Situationen gerecht zu werden. Wenn wir dann zu verschiedenen Anlässen nach einer jeweils verschiedenen Moral handeln, kann uns dies allerdings schnell den Vorwurf der Doppelmoral einhandeln. Dieser Vorwurf wiegt im protestantischen Milieu, in dem ich sozialisiert wurde, besonders schwer und als Kinder wurden wir missbilligend auf die angeblich bei Katholiken verbreitete Doppelmoral hingewiesen. Auch zu Zeiten der Studentenbewegung, die ja in mancher Hinsicht eine Fortsetzung des Protestantismus war, wurde Doppelmoral schwer geächtet. Mittlerweile ist mir allerdings eine gewisse Weitherzigkeit immer sympathischer geworden, die dem Individuum gelegentlich eine Sünde und selbst dem zölibatären Priester stillschweigend eine menschlich-männliche Regung gönnt.

Das Gute ist subjektiv

Das, was wir als *das Gute* empfinden ist immer subjektiv und nur sinnvoll in Beziehung zu bestimmten Personen und Situationen. Alle Versuche, das Gute zu objektivieren, tun dem Einzelnen Gewalt an und hindern ihn womöglich daran, herauszufinden, was für ihn selbst gut ist. Das Gute lässt sich durch Moral weder beschreiben noch erzwingen. Begriffe der Moral wie Schuld, Verantwortung und Verpflichtung haben dagegen immer etwas Abstraktes, Kaltes und Bedrohliches. Auch Vernunft und wissenschaftliche, politische oder religiöse Programme können das Gute nicht allgemein festlegen.

Wenn Moral etwas als *gut* bezeichnet, enthält dies vor allem immer eine Abwertung für eine als schlecht angesehene Seite. Schon als Jugendlicher habe ich mich daran gestört, wenn Erwachsene von ›wertvollen oder guten Menschen‹ sprachen, und mich gefragt, welche dann eigentlich weniger wert oder vielleicht sogar unwert sind. Wer meint, seine Vorstellung des Guten objektivieren zu können, neigt dazu, anderen, die diese Vorstellung nicht teilen, Böses zu unterstellen. Möglicherweise wird auch die Schärfe des Konfliktes zwischen Teilen der westlichen Welt und dem radikalen Islam dadurch begünstigt, dass die eine Seite jeweils von der Schlechtigkeit der Gegenseite überzeugt ist. Ist die Vorstellung vom *Reich des Bösen* vielleicht sogar eine Folge der Verabsolutierung der eigenen Vorstellung des Guten?

Hilfreich erscheint mir im Gegensatz hierzu die Idee Montaignes, der sich auf einer Medaille das Motto *ich enthalte mich eines Urteils* einprägen ließ. Der aus der philosophischen Skepsis stammende Vorschlag, ein Urteil möglichst zu vermeiden, verhilft zu einem unbefangeneren Umgang mit der Umwelt. Und zumindest im persönlichen Bereich können wir häufig aus eingefahrenen Konfliktmustern ausbrechen, indem wir auf moralische Wertungen verzichten.

Respekt

Wie Urteile und Wertungen konstruktive Lösungen regelmäßig behindern, erfahren Gruppentherapeuten und Konfliktberater bei ihrer Arbeit regelmäßig. Wenn streitende Parteien sich hinter wechselseitigen Verurteilungen verbarrikadieren, kann kein Therapeut helfen. Daher ist ein wichtiger Grundsatz systemorientierter moderner Beratungspraxis und Familientherapie, moralisch wertende Äußerungen möglichst zu vermeiden. Nur wenn es gelingt, den jeweils eigenen Standpunkt darzustellen, ohne den des Gegenübers abzuwerten, haben alle Beteiligten eine Chance, zu verstehen, woran die einzelnen Gruppenmitglieder wirklich leiden. Erst wenn sich alle Streitenden respektiert fühlen, werden sie bereit sein, aus den

Schützengräben wechselnder Schuldzuweisungen herauszutreten, aufeinander zuzugehen und eine Lösung ihrer Probleme suchen.

Ein weiterer Nachteil von Moral ist, dass sie auf eine häufig unüberbrückbare Diskrepanz zwischen Soll- und Istzustand fixiert ist, während im Gegensatz dazu ein offeneres Denken den Blick auf die vorhandenen Möglichkeiten zur Lösung von Problemen freimacht. Anstatt mich mit der unlösbaren Frage zu quälen, ob mein Gegenüber im Innersten gut oder schlecht ist, kann ich, wenn mich ein Verhalten eines Partners stört, ihn stattdessen bitten, dies zu ändern. Eine derartige konkrete Bitte kann im Gegensatz zu einer moralischen Verurteilung einen konstruktiven Dialog einleiten, der beiden ein befriedigenderes Zusammenleben ermöglicht.

Vereinbarungen

Noch im 19. Jahrhundert war Moral fast immer Sexualmoral. Die Romane dieser Zeit sind voll von Beispielen, welch katastrophale Auswirkungen Verstöße gegen diese Moral hatten. Die Bedeutung der damaligen Sexualmoral erscheint uns heute kaum mehr nachvollziehbar. Homosexualität, außer- und voreheliche Sexualkontakte oder uneheliche Kinder konnten vor hundert Jahren zum Ausschluss aus der Gesellschaft führen. Statt rigider Vorschriften beschränkt sich dagegen der heute gängige gemeinsame Nenner von Sexualmoral darauf, dass erlaubt ist, was den Beteiligten Spaß macht und niemandem schadet. Das Beispiel der schwindenden Sexualmoral könnte als Modell dafür dienen, dass weniger Moral mehr Menschlichkeit ermöglichen kann. Was wäre Effi Briest und Anna Karenina heutzutage nicht alles erspart geblieben.

Niklas Luhmann bemerkt: »Moderne Gesellschaft kann nicht mehr über Moral integriert sein und kann auch nicht mehr den Menschen über Moral ihre Plätze anweisen.« Statt auf vorgefertigte Moralmuster zurückgreifen zu können, müssen die Akteure in vielen Lebensbereichen heute miteinander aushandeln, wie sie sich zueinander verhalten. An die Stelle von moralischen Verhaltensregeln treten zwischen gleichberechtigten Partnern Vereinbarungen. Eine Veränderung oder ein Bruch dieser Vereinbarungen kann schmerzhaft und auch Anlass zu Sanktionen sein, aber er ist kein Grund, einen Menschen als Ganzes zu verurteilen.

Entscheidungen

Auch die Verbreitung von Aids kann nicht als Vorwand dafür dienen, die Wiederbelebung einer viktorianischen Sexualmoral zu fordern, die viele Probleme wieder ins Dunkel verbannen würde. Moral kann bei der Überlegung, welche konkreten Maßnahmen eine weitere Verbreitung dieser Krankheit verhindern können, nur wenig helfen.

Selbst im Umgang mit Straftätern erweisen sich wertende Urteile als problematisch. Ein befreundeter Jugendstaatsanwalt hat mir erklärt, wie hilfreich es bei seiner Arbeit sei, dass er sich im Gegensatz zum Erwachsenenstrafrecht vor allem daran orientieren kann, wie ein jugendlicher Straftäter dazu zu bewegen ist, sein sozial unerwünschtes Verhalten in Zukunft zu unterlassen. Fragen von Schuld und Strafe verhindern dagegen ein derartig zielorientiertes Vorgehen.

Und nicht nur bei Konflikten mit anderen, auch im Umgang mit uns selbst machen wir uns durch moralische Urteile manchmal das Leben schwer, wenn wir Anteile der eigenen Persönlichkeit als Schattenseiten definieren und dazu neigen, diese zu verdrängen. So wird häufig die Chance vergeben, diese so genannten Schattenseiten unvoreingenommen zu betrachten, um sie konstruktiv zu nutzen und zu integrieren.

Urteile von Gut und Böse möglichst zu vermeiden bedeutet beileibe nicht, deshalb in Beliebigkeit zu verfallen. Eine weniger schematische

Beurteilung von Situationen ermöglicht im Gegenteil, mehr auf aktuelle Gedanken, Gefühle und Erfahrungen einzugehen und dadurch viele Aspekte der Wirklichkeit klarer zu erkennen. Wer nicht urteilt, kann umso besser entscheiden und erweitert dadurch in vielen Lebenslagen seine Verhaltensmöglichkeiten.

Verflechtung

In seinem Buch *Der Prozess der Zivilisation* kommt Norbert Elias zur Einschätzung, dass die zunehmende Vernetzung und Verflechtung der Gesellschaften das Bindemittel bildet, das sie in Zukunft zusammenhalten und damit ein zivilisiertes Zusammenleben ermöglichen wird. Diese Idee erscheint mir gerade auch für den persönlichen Bereich plausibel. Durch den Wegfall einer einheitlichen Moral und Weltanschauung wird die Einbindung des Einzelnen in wechselseitige Verflechtungen mit der Umwelt immer wichtiger. Nicht moralischer Verfall, sondern Desintegration von Einzelindividuen und ganzen Gesellschaftsgruppen bedroht heutzutage das Zusammenleben von Gemeinschaften. Dagegen können unterschiedlichste Menschen gut miteinander leben, wenn sie durch ein Geflecht von wechselseitiger Abhängigkeit und gegenseitigem Nutzen – die Biologen würden es Symbiose nennen – miteinander verwoben sind.

Gewaltenteilung

Als anschauliches Beispiel für eine derartige Symbiose empfinde ich die erfrischende Lebendigkeit der Mischstruktur von gewachsenen Städten. Im Gegensatz zur Monotonie von reinen Wohn-, Industrie- oder autogerechten Städten regiert in gewachsenen Strukturen nicht eine Idee, sondern die verschiedenen Interessen balancieren sich in einem ständig fließenden Gleichgewicht gegenseitig aus. Selbst kapitalistische Profitgier kann sich nicht uneingeschränkt durchsetzen, sondern muss sich mit zahlreichen anderen Gegebenheiten arrangieren. Ich finde es immer wieder beeindruckend, wie trotz der unüberschaubaren Kompliziertheit der Zusammenhänge durch verschiedenste Einflüsse selbst in großen Städten Strukturen entstehen, die dort ein Leben für viele attraktiv erscheinen lassen. Während Moral die Welt nach einer Idee ausrichten will, lässt die Gewaltenteilung verschiedener Interessen, Impulse und Antriebe ein lebendiges Gefüge der Vielfalt zu, in dem kein einzelner Aspekt Alleinherrschaft beanspruchen kann. Wie auch Mischwald im Vergleich zu einem monokulturellen Fichtenwald meist als schöner und ökologisch sinnvoller empfunden wird, so bildet auch die miteinander verwobene Vielfalt mancher Städte ein faszinierendes Gebilde, das sich besser bewährt als alles, was sich menschliche Planung ausgedacht hat.

Das Unausgesprochene lieben

Vernünftige und moralische Gründe drohen uns immer wieder die Sicht zu versperren auf das komplizierte Geflecht von unendlich vielen Ursachen, in das wir eingebunden sind und in dem scheinbar noch so fern liegende Ereignisse für ein Verhalten entscheidend sein können. Wir pflegen in unserer abendländischen Tradition stolz darauf zu sein, dass wir unser Tun gut, das heißt systematisch begründen, und übersehen dabei regelmäßig, dass durch diese Sicht oft das Gefühl für die Vieldimensionalität der Wirklichkeit verloren geht. Scheinbar weniger gut begründete Entscheidungen, die sozusagen aus dem Bauch heraus getroffen werden, können der Vielschichtigkeit einer Situation dagegen häufig viel besser gerecht werden. Die Wirklichkeit ist so kompliziert, dass wir oft mit Worten nicht in der Lage sind, das Wesentliche wirklich auszudrücken:

»Bei jedem Gedanken kommt es darauf an, was er unausgesprochen lässt, wie sehr er dieses Unausgesprochene liebt und wie nahe er ihm kommt, ohne es anzutasten ... Gedanken, die sich zu einem System zusammenfügen, sind pietätlos. Sie schließen das Unausgesprochene allmählich aus und lassen es hinter sich, bis es verdurstet.«

Der Glaube an objektive Vernunft und eine allgemein verbindliche Moral ist eine westliche Stammesideologie, die die Vielfalt der uns umgebenden Wirklichkeit leugnet. Es gibt viele gute und fühlbare Gründe, die Grenzen dieser Tradition zu überschreiten und den Gesichtskreis dadurch zu erweitern.

Le temps de vivre

Ich habe in diesem Buch eine Reihe von Prinzipien, die häufig für ein gutes und richtiges Leben als unverzichtbar angesehen werden, in Zweifel gezogen. Als Resümee bleibt für mich, dass die Durchsetzung von für alle Menschen und Situationen gleichermaßen gültigen Prinzipien weder möglich noch wünschenswert ist. Jeder Mensch muss für sich selbst über die Grundlagen und den Sinn seines Lebenswegs entscheiden und hat andererseits die entsprechenden Entscheidungen der anderen zu respektieren.

Oft geht mir der Text eines Lieds von Georges Moustaki durch den Kopf:

Nous prendrons le temps de vivre
D'être libre, mon amour
Sans projets et sans habitudes
Nous pourrons rêver notre vie

Viens, je suis là
Je n'attends que toi
Tout est possible
tout est permis*

Vielleicht überinterpretiere ich dieses auf den ersten Blick so harmlose Liebeslied. Denn ich empfinde es als Liebeserklärung, weniger für eine Frau, sondern für ein freies, nicht von Geboten, Verboten und Planung reglementiertes Leben. Es ist faszinierend, mehr von diesem Traum im realen Leben zu verwirklichen. Im-

* Meine Geliebte, wir nehmen uns die Zeit,
zu leben und frei zu sein,
ohne Pläne und Gewohnheiten
können wir unser Leben träumen,
komm, ich bin da, ich erwarte nur Dich,
alles ist möglich, alles ist erlaubt.

mer, wenn wir es schaffen, uns frei von Vorsätzen, Gewohnheiten und moralischen Vorurteilen zu machen, haben wir die Chance, dem Zauber des Lebens näher zu kommen.

Zugegeben, der Verzicht auf vorgegebene moralische Orientierungen ist mit mancherlei Verunsicherungen verbunden. Manchmal mag es uns deshalb gehen wie jenem Kind eines antiautoritären Kindergartens, das die Erzieherin eines Morgens fragte: ›Müssen wir heute schon wieder das machen, was wir wollen?‹

Wir müssen, aber es gibt nur wenige Gründe, dies zu bedauern.

Literaturempfehlungen

»Das ist alles nur geklaut«
Die Prinzen

Ich hoffe, dass dieses Buch nichts grundsätzlich Neues enthält. Denn wenn es um die Fragen des richtigen Lebens geht, kann nur Falsches wirklich neu sein. Trotzdem habe ich in vielen Fällen auf den Herkunftsnachweis meiner Ideen verzichtet. Dies hat zwei Gründe. Einmal geht es mir wie Montaigne, wenn er schreibt: »Was von den Büchern haften bleibt, erkenne ich nicht mehr als fremdes Gut«. Vor allem aber droht ein Buch durch viele Quellennachweise immer unleserlicher zu werden. So habe ich zahlreiche Gedankengänge, um sie für den Zusammenhang des Buches passender und verdaulicher zu machen, neu formuliert, ohne auf die Urheber hinzuweisen. Dieses Vorgehen hat für den Leser immerhin den Vorteil, dass ein Gedanke, der nicht vom Podest des Klassikers herunterkommt, angreifbarer und kritisierbarer wird. Aber trotzdem möchte ich deutlich machen, woher meine wichtigsten Anregungen stammen. Deshalb weise ich einerseits im Anhang wörtliche Zitate nach, allerdings ohne sie, um dem Leser ständiges Hin- und Herblättern zu ersparen, im Text mit Fußnoten zu versehen. Vor allem aber will ich in diesem Abschnitt Bücher, denen ich viel verdanke, zum Weiterlesen empfehlen.

– *Michel de Montaigne: Essais, Frankfurt 1998*

Die Essais von Montaigne sind mir für dieses Buch vorbildlich. Obwohl Montaigne mit den in der Renaissance bekannten Bildungsgütern der Antike bestens vertraut war, geht seine skeptische Philosophie immer von seiner Person und eigenen Problemen aus, und kehrt nach manchen spannenden Ausflügen wieder dahin zurück. Traurigkeit, Furcht, Hoffnungen, Eitelkeit, Einsamkeit und Probleme mit dem Älterwerden sind für ihn Anlässe, weniger über Gott und die Welt, sondern vor allem über sich selbst und die eigene Umgebung nachzudenken. Ich habe Montaigne jahrelang als regelmäßige Bettlektüre genossen. Dies möchte ich auch meinen LeserInnen empfehlen.

– *Hans Joachim Störig: Kleine Weltgeschichte der Philosophie, Frankfurt 1998*

Von den zahlreichen Philosophiegeschichten, die

ich in den letzten Jahren durchgesehen habe, hat mir diese am meisten weitergeholfen. Sie ist, soweit möglich, gut verständlich geschrieben und für den Laien als Nachschlagewerk, aber vor allem als Lektüre am Stück geeignet. Erfreulicherweise widmet Störig auch den asiatischen Weisheitslehren einen größeren Abschnitt.

– *Ludwig Marcuse: Meine Geschichte der Philosophie – Aus den Papieren eines bejahrten Philosophiestudenten, Zürich 1981*

Diese sehr subjektive Philosophiegeschichte eines gescheiten und lebensfrohen Skeptikers spricht mir in vieler Hinsicht aus dem Herzen.

– *Alain de Botton: Trost der Philosophie, Frankfurt 2000*

Ein humorvoller und leicht lesbarer Appetithappen in Sachen Philosophie.

– *Malte Hosenfelder: Antike Glückslehren, Stuttgart 1996*

Eine kommentierte Auswahl von Texten der Schulen des Kynismus, der Stoa, der Skepsis und Epikurs.

– *Epikur: Briefe, Sprüche, Werkfragmente, Stuttgart 1980*

Epikurs Philosophie der Lebenskunst wurde in der christlichen Tradition häufig diffamiert und unterdrückt. Trotzdem bleibt sie auch heute noch aktuell und bereichernd.

– *Odo Marquard: Abschied vom Prinzipiellen, Stuttgart 1981*

Witzig und allgemeinverständlich distanziert sich der Skeptiker Marquard von zeitgenössischen Dogmen. *Abschied vom Prinzipiellen* ist einer von mehreren Sammelbänden mit Texten, die der Philosophieprofessor Marquard zu verschiedenen Anlässen verfasst hat.

– *Friedrich Nietzsche: Die fröhliche Wissenschaft, Stuttgart 2000*

Bei Nietzsche emanzipiert sich vitale Subjektivität von einer sich objektiv gebenden, verstaubten Kathederwissenschaft. In der *Fröhlichen Wissenschaft* findet sich ein gedankenreicher und beschwingter Nietzsche, dessen Genuss noch nicht, wie bei anderen Nietzschetexten, durch schwülstiges Pathos und größenwahnsinnige Ideen beeinträchtigt ist. Besonders empfehlen möchte ich das vierte Buch dieses Bandes.

- *Dschuang Dsi: Das wahre Buch vom südlichen Blütenland, Kreuzlingen 1969*

Ein poetisches und farbiges Buch taoistischer Weisheit, nach neuesten Forschungen in Teilen älter als Laotses Tao te King. Hermann Hesse schreibt darüber: »Von allen Büchern chinesischer Denker, die ich kenne, hat dieses am meisten Reiz und Klang.« Die Übersetzung aus dem Jahr 1912 stammt von dem Missionar Richard Wilhelm. Leider ist in Deutschland keine vollständige moderne Übersetzung des Dschuang Dsi im Handel.

- *Francois Jullien: Der Weise hängt an keiner Idee – Das Andere der Philosophie, München 2001*

Eine kenntnisreiche Gegenüberstellung von europäischer Philosophie und chinesischen Weisheitslehren, die den abendländischen Geisteshorizont erweitert. Ein Weisheitsbuch, leider nicht in allen Teilen ganz leicht lesbar.

Zur Vertiefung der Themen einzelner Kapitel möchte ich auf folgende Bücher aufmerksam machen:

Faulheit:

- *Axel Braig/Ulrich Renz: Die Kunst, weniger zu arbeiten, Berlin 2001*

Zu den moralischen Aspekten von Fleiß und Faulheit haben wir in der »Kunst, weniger zu arbeiten« einiges geschrieben, was in dem Kapitel *Faulheit* hier nur verkürzt Platz findet.

- *Paul Lafargue: Das Recht auf Faulheit, Berlin 1991*

Diese kurze und geistreiche Polemik des Karl-Marx-Schwiegersohnes ist heute noch zutreffender als bei ihrem ersten Erscheinen vor fast 120 Jahren.

Unpünktlichkeit:

- *Robert Levine: Eine Landkarte der Zeit. Wie Kulturen mit der Zeit umgehen, München 1999*

Durch den Blick auf andere Kulturen wird deutlich, wie wenig selbstverständlich der in Europa übliche Umgang mit der Zeit ist. Ein sehr unterhaltsames und informatives Buch.

Unordnung:

- *John Briggs/F. David Peat: Die Entdeckung des Chaos – Eine Reise durch die Chaostheorie, München 1993*

- *John Briggs/David Peat: Chaos – Abschied von der Sehnsucht, alles in den Griff zu bekommen, München 2000*

Diese beiden, auch für den nicht naturwissenschaftlich vorgebildeten Leser verständlichen Einführungen machen deutlich, wie durch die Chaostheorie überkommene Weltbilder fragwürdig werden.

Unvernunft:

- *Paul Feyerabend: Irrwege der Vernunft, Frankfurt 1989*

Der Wissenschaftstheoretiker und Philosoph Feyerabend ist vor allem durch das Schlagwort »anything goes« bekannt, mit dem er sich gegen den Methodenzwang in der Wissenschaft wendet. Das 14. Kapitel von *Irrwege der Vernunft* bietet eine gut lesbare Zusammenfassung seiner Vernunftkritik.

Unwahrheit und Egoismus:

- *Paul Watzlawick: Wie wirklich ist die Wirklichkeit? Wahn – Täuschung – Verstehen, München 1976*
- *Paul Watzlawick (Hrsg.): Die erfundene Wirklichkeit. Wie wissen wir, was wir zu wissen glauben? Beiträge zum Konstruktivismus, München 1985*

Der Konstruktivismus macht deutlich, wie wechselnd und subjektiv das ist, was häufig als objektive Wahrheit angesehen wird.

Tugend der Tugendlosigkeit und Unmoral:

– *Niklas Luhmann: Paradigm lost: Über die ethische Reflexion der Moral, Frankfurt am Main 1990*

Luhmann kommt in dieser Rede anlässlich seiner Hegel-Preisverleihung zu dem Schluss, dass die Ethik in der Lage sein muss, »... den Anwendungsbereich der Moral zu limitieren« (S. 40) und sieht sogar »... die vielleicht vordringlichste Aufgabe der Ethik, vor Moral zu warnen« (S. 41).

– *Marshall B. Rosenberg: Gewaltfreie Kommunikation, Paderborn 2002*

Rosenberg ist Konfliktmediator und Gründer eines Zentrums für Non-violent Communication in den USA. Er beschreibt eindrücklich, wie Beobachtungen durch Bewertungen verfälscht werden können und wie Kommunikation häufig durch moralische Urteile blockiert wird.

Zitatnachweise

Einleitungszitat

S. 7 »Schamhaft und unverschämt …« Michel de Montaigne: »Essais«, Frankfurt am Main 1998, S. 167

Wie ich in dieses Buch gestolpert bin

S. 11 »Nicht die Tatsachen selbst machen das Leben schwer …« Diesen Satz aus dem Handbüchlein der Moral von Epiktet zitiere ich nach M. B. Rosenberg: »Gewaltfreie Kommunikation«, S. 61, da die dortige Übersetzung im hiesigen Zusammenhang schlüssiger als in der deutschen Epiktetausgabe ist.

S. 18 »Kampf der Kulturen« ist der Buchtitel des Bestsellers von Samuel Huntington, in dem er das Schreckensszenario einer konflikthaften Auseinandersetzung zwischen den großen Weltkulturen ausmalt.

Faulheit

S. 25 »Ich ächze, also bin ich, und zwar nützlich.« Odo Marquard: »Abschied vom Prinzipiellen«, Stuttgart 1981, S. 31

S. 34 »Was die Pyramiden anbelangt …« H. D. Thoreau: »Walden«, Zürich 1979, S. 67

S. 36 »Lieber irgend etwas tun …« Friedrich Nietzsche: »Fröhliche Wissenschaft«, Stuttgart 2000, S. 216

S. 37 »Personen, die am aufgelegtesten sind …«, zitiert nach Josef M. Werle (Hrsg.): »Klassiker der philosophischen Lebenskunst«, München 2000, S. 409

S. 37 »Seht doch nur …« Michel de Montaigne: s. o. S. 506

S. 40 »… die alte Erde, zitternd vor Wonne …« Paul Lafargue: »Das Recht auf Faulheit«, Berlin 1991, S. 48

Unpünktlichkeit

S. 53 Die Bezeichnung der Armbanduhren als »Handschellen unserer Zeit« stammt von Sigmund von Radecki zitiert nach Levine: »Eine Landkarte der Zeit. Wie Kulturen mit der Zeit umgehen.«, München 1999, S. 95

S. 54 »… eine völlig neue Situation für Bummler und Nachzügler …«, Levine: s. o. S. 106

Unordnung

S. 78 »Trugbild des menschlichen Stammes …« Bacon, zitiert nach Hans Joachim Störig: »Kleine Weltgeschichte der Philosophie«, Frankfurt 1998, S. 306

Unvernunft

S. 97 »Nichts ist so vernünftig wie die Desavouierung der Vernunft.« Blaise Pascal, zitiert nach Ludwig Marcuse: »Meine Geschichte der Philosophie …«, Zürich 1981, S. 131

S. 97 »Der Himmel hat Euch Euren Leib gegeben …«, Dschuang Dsi: »Das wahre Buch vom südlichen Blütenland«, Kreuzlingen 1981, S. 81

S. 100 »«Die Vernunft ist dem Menschen Natur …«, zitiert nach Störig: s. o. S. 259

S. 101 »… über menschliche Wesen zu schreiben, als würde ich mich mit Linsen, Flächen und festen Körpern befassen.«, zitiert nach Störig: s. o. S. 328

S. 102 »… die Lehren, die im praktischen Leben zumeist gebraucht werden, das heißt die Sätze der Moral und der Metaphysik, nach einem unfehlbaren Rechenverfahren zu beherrschen.«, zitiert nach Bertrand Russell: »Philosophie des Abendlandes«, Zürich 1950, S. 600

S. 104 »Das Herz hat seine Gründe, von denen die Vernunft nichts weiß.« Dieser Satz aus den »Gedanken« von Blaise Pascal wurde im Deutschen unterschiedlich übersetzt. Ich zitiere ihn nach B. Russell: s. o. S. 699

S. 105 »... das Leben unter höchst verschiedenen letzten Gesichtspunkten und nach sehr verschiedenen Richtungen hin ›rationalisieren‹ kann.« Max Weber: »Die protestantische Ethik I«, Gütersloh 1991, S. 65

S. 109 »Mir scheint, dass alles Wissen eitel und voller Irrtümer, das nicht von der Sinneserfahrung, der Mutter aller Gewissheit, zur Welt gebracht wird.« zitiert nach Ludwig Marcuse: s. o. S. 111

S. 109 Paul Feyerabend: »Wider den Methodenzwang«, Frankfurt am Main 2001

S. 113 »Der Versuch, den Himmel auf Erden einzurichten, produziert stets die Hölle.« Karl Popper: »Die offene Gesellschaft und ihre Feinde II«, München 1980, S. 292

S. 115 »Zu den Dingen, welche einen Denker in Verzweiflung bringen könnten, gehört die Erkenntnis, dass das Unlogische für den Menschen nötig ist ...«, Friedrich Nietzsche: »Menschliches, Allzumenschliches«, zitiert nach Sämtliche Werke. Kritische Studienausgabe in 15 Bänden, Berlin 1988, Band 2, S. 51

Wahrheit

S. 121 »Jeder Einzelne hat die Verantwortung, seine für ihn gültige Wahrheit zu finden.« Fritz Lang, Filmregisseur, zitiert nach der Zeit vom 8. 2. 2001

S. 123 »Wisst Ihr etwas, wovon alle übereinstimmend sagen: Es ist dies?« Dschuang Dsi: s. o. S. 48

S. 124 »Die Wahrheiten, die wir finden, sind nicht von letzter Wichtigkeit und die Wahrheiten, die von letzter Wichtigkeit sind, finden wir nicht.« Bertrand Russell, zitiert nach Marcuse: s. o. S. 96

S. 128 »Die Kraft der Erkenntnis liegt nicht in ihrem Grade von Wahrheit, sondern in ihrem Alter, ihrer Einverleibtheit, ihrem Charakter als Lebensbedingung.« Friedrich Nietzsche: »Fröhliche Wissenschaft«, s. o. S. 129

S. 129 »*Dschuang Dsi ging einst mit Hui Dsi spazieren am ...*«, »Dschuang Dsi: s.o S. 192

Egoismus

S. 144 Horst-Eberhard Richter: »Ende der Egomanie. Die Krise des westlichen Bewusstseins«, Köln 2002

S. 145 »Ihr aber seid nicht fleischlich, sondern geistlich«, Paulus in Römerbriefen 8,9

S. 150 »Wenn man glaubt, seine Maitresse ihr zuliebe zu lieben, so hat man sich schön geirrt.« Friedrich Nietzsche: »Menschliches, Allzumenschliches«, s. o. Band 2, S. 126

S. 151 »... weder Vater noch Mutter, noch Frau, noch Kind, sondern die angenehmen Empfindungen, die sie uns machen.« Friedrich Nietzsche: »Menschliches, Allzumenschliches«, s. o. Band 2, S. 126

S. 151 »Die Liebe zum Nächsten ist die Liebe zu unserer *Vorstellung* vom Nächsten ...« Friedrich Nietzsche: »Aus dem Nachlass 1880–1882«, s. o. Band 9, S. 35

S. 154 »Der Welt kann unmöglich mit einem Haar geholfen werden ...«, Liä Dsi: »Das wahre Buch vom quellenden Urgrund«, München 1967, S. 147

S. 155 »Die Menschen geben sich in Miete ...«, Michel de Montaigne: s. o. S. 506

S. 156 »Eigenliebe ist klüger als der klügste Mann

der Welt.« La Rochefoucauld, zitiert nach Werle: s. o. S. 273

S. 158 »Der Weg, den unsre Wünsche einschlagen ...«, Michel de Montaigne: s. o. S. 509

S. 159 »... so habe ich oft gesagt, dass alles Unglück der Menschen ...«, Blaise Pascal: »Gedanken« Stuttgart 1997, S. 58

S. 160 »Die größte Sache der Welt ist, dass man sich selbst zu gehören weiß.« Michel de Montaigne: s. o. S. 126

S. 160 »Wer sich selber Freund ist, der ist allen Freund.« Michel de Montaigne: s. o. S. 507

Die Tugend der Tugendlosigkeit

S. 164 »Alle Tugenden können als Laster und alle Laster als Tugenden dargestellt werden.« NiklasLuhmann: »Paradigm lost: Über die ethische Reflexion der Moral«, Frankfurt am Main 1990, S. 28

S. 165 »Ach, wie widerspricht doch die Moral der menschlichen Natur! ...« Dschuang Dsi: s. o. S. 104–105

S. 166 »Das Gute ist leicht. Alles Göttliche läuft auf zarten Füßen.«, zitiert nach A. Grün: »Buch der Lebenskunst«, Freiburg 2002, S. 10

S. 166 »Inwiefern hat die Moral *schädlich* gewirkt? …« Friedrich Nietzsche: »Aus dem Nachlass 1880–1882«, s. o. Band 9, S. 72

S. 167 Daniel Goleman: »EQ – Emotionale Intelligenz« München 1997

S. 173 »… die Hölle aber nicht … », Imre Kertész: »Roman eines Schicksallosen«, Reinbek 1999, S. 272

S. 173 »Denn sogar dort, bei den Schornsteinen, gab es in der Pause zwischen den Qualen etwas, das dem Glück ähnlich war.« Imre Kertész: s. o. S. 287

S. 176 »Empirisch gesehen, ist moralische Kommunikation nahe am Streit …«, Niklas Luhmann: s. o. S. 26.

S. 179 »Je mehr wir moralisieren, desto weniger Lebendigkeit haben wir in uns.« Anselm Grün/ Meinrad Dufner: »Gesundheit als geistige Aufgabe«, Münsterschwarzach 2001, S. 96

Unmoralisches

S. 183 »Jenseits von richtig und falsch liegt ein Ort. Dort treffen wir uns.«, zitiert nach Rosenberg: s. o. S. 31.

S. 185 »Es gibt Staaten, in denen die Tugend der Gerechtigkeit zu sehr gerühmt wird …«, zitiert nach Ulrich Wickert: »Das Buch der Tugenden«, Hamburg 1995, S. 323

S. 193 »Moderne Gesellschaft kann nicht mehr über Moral integriert sein …«, Niklas Luhmann: s. o. S. 40

S. 196 Norbert Elias: »Der Prozess der Zivilisation«, Frankfurt am Main 1976

S. 199 »Bei jedem Gedanken kommt es darauf an, was er unausgesprochen lässt, …«, Elias Canetti: s. o. S. 44

Literaturempfehlungen

S. 205 »Was von den Büchern haften bleibt, erkenne ich nicht mehr als fremdes Gut.« Michel de Montaigne: s. o. S. 324

S. 212 »… den Anwendungsbereich der Moral zu limitieren …«, Niklas Luhmann: s. o. S. 40

S. 212 »… die vielleicht vordringlichste Aufgabe der Ethik, vor Moral zu warnen.« Niklas Luhmann: s. o. S. 41

Dank

Die Gedanken dieses Buches sind aus dem alltäglichen Leben heraus entstanden und dort mussten sie auch ihre ersten Bewährungsproben bestehen. In vielen Gesprächen haben mich meine Frau Christel und meine drei Töchter Katharina, Veronika und Johanna angeregt und oft heftig kritisiert. Dafür möchte ich ihnen herzlich danken.

Einer ganzen Reihe von Freunden und Bekannten bin ich dankbar für wertvolle Anregungen oder aber dafür, dass sie bereit waren, weitgehend unfertige Textentwürfe durchzuarbeiten. Ohne Anspruch auf Vollständigkeit möchte ich folgende Namen nennen:

Ernst Ergenzinger, Ingeborg Rettenmaier-Grein, Gerhard Kölbel, Helmut Mohn, Ursula Real, Herbert Renz-Polster, Edith Schieferstein, Adelheid Solte-Willich, Christian Solte,

Elisabeth Steinle-Paul, Robert Wedig, Reinhard Werner und Bernd Zacharias.

Wichtige Hinweise verdanke ich meinem Agenten Michael Meller.

Heike Schmidtke vom Argon-Verlag hat mir in vielen Situationen tatkräftig und freundlich weiter geholfen.

Besonders dankbar bin ich Holger Kuntze, der mich beim Schreiben von Anfang an ermutigt und manche Schwächen des Textes durch sein hervorragendes Lektorat ausgebügelt hat.